ハイヒール・モモコ

還暦になりました♪

念願のお店
S.MOMOオープン

ベビー服からブランドものや衣装まで、ホンマなんでも置いてます。JR大阪駅から歩けるから　遠くからでも来やすいで～す。私もお店にしょっちゅう出てて、家族と待ち合わせすることも！

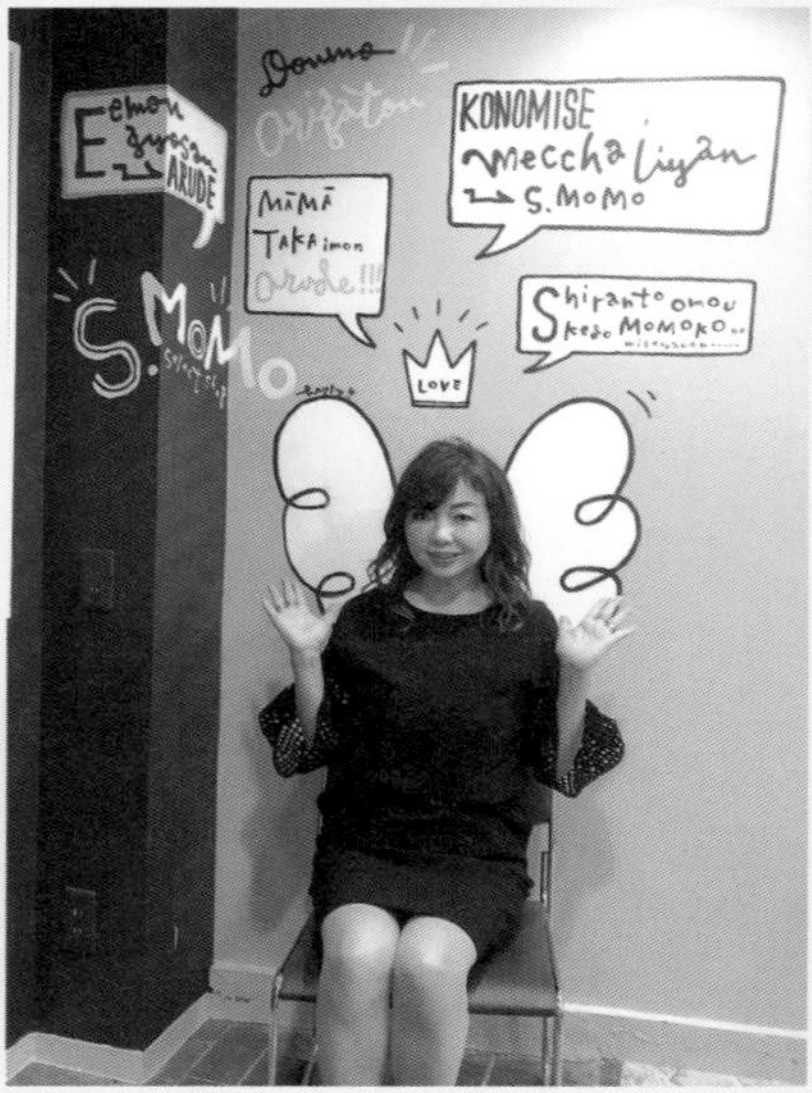

Photo Collection

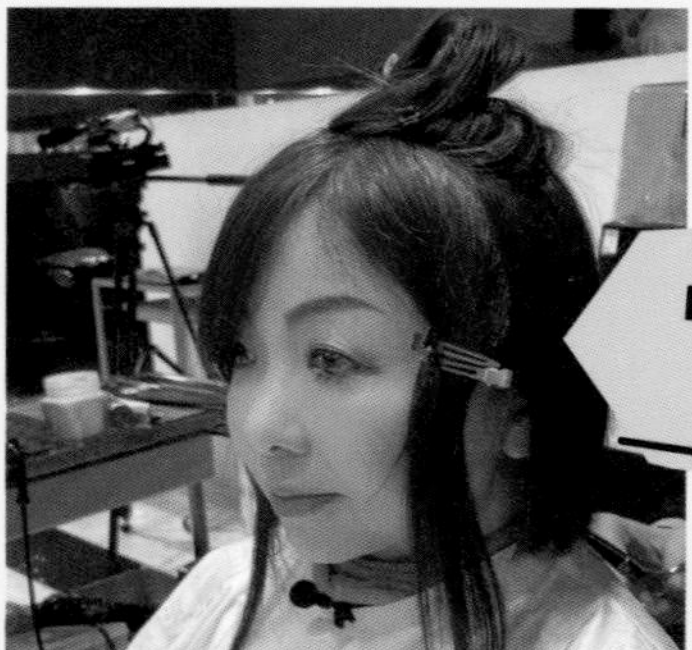

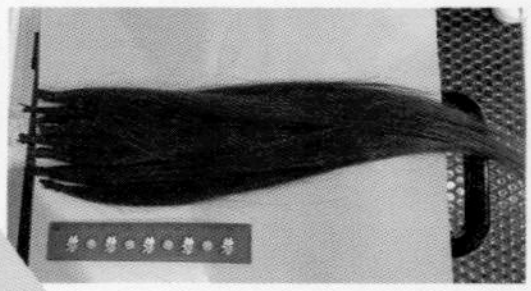

ロングヘアをバッサリ！

ロングヘアをカットして、自分の髪でウィッグを製作。お相撲さんの断髪式みたいに、私も含めてみんなで1カットずつハサミを入れたりしたよ～ん。最低30㎝の長さが必要！

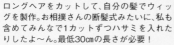

着物が大好き♥

着物で歌舞伎を見に行ったり、着物で京都へ行く自分が好き♡ 着物の小物はいつも親友のHちゃんが選んでくれます。感謝♡

ブランドものを
着物スタイルにリメイク

シャネルもエルメスもバレンシアガもルイ・ヴィトンもロエベもバレンチノもフェンディも！ 細かったころの服は、着物や帯に作り替えました。（右）帯もシャネル♡ （中）帯締めをシャネルのブローチで。（左）バッグも帯もGUCCIでお揃い♪

モモコ

釣り＆ゴルフ

ゴルフバッグも
シャネル♪

釣りにハマって、淡路島や関西空港周辺でハマチやメジロをゲット。夜のイカ釣りには、次男が参戦したこともあるよ〜。ゴルフでは、先日初バーディをとりました♪

このゴルフウェアとゴルフバッグは長男が働いている会社のブランドでPacific Golf Clubです。

3人のママしてます

プレイバック！

モモコファミリーHistory

家族旅行&ロケ

チェンライ

鹿児島

屋久島

カナダ

ラスベガス

日本も海外も、家族であちこち行かせてもらいました。子連れ旅行はホンマに大変なことも多いけど、いろんな経験ができたことに感謝！　このほかにも、モンゴルやコナキタバルロケなどなど。

家族写真

写真館で家族撮影が恒例行事。長男と次男は3年に1回ペースだったけど、長女が生まれてからは、女の子♡ということもあって、記念日ごとに撮ってたよん。懐かし～という人も、初めて見る～という人も、家族写真は一生の宝物になるから、ぜひ撮ってね！

ファン
続出!?

長女に作った伝説のキャラ弁

笑弁コレクション

女の子

日曜日の有名人

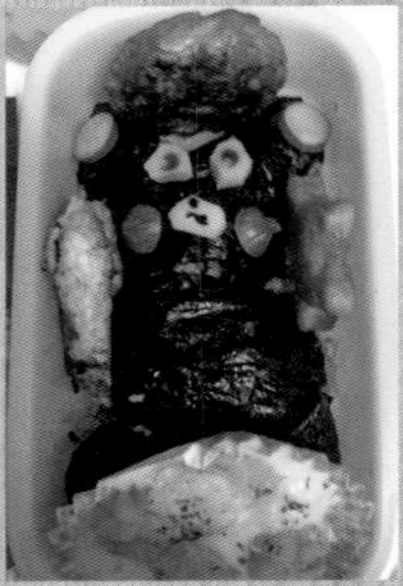

くまモン

(上)「女の子作って」と言われて、娘に初めて作ったキャラ弁がコレ、バッグを持ってお出かけする女の子。学校に行って開けたら、長女いわくバラバラ死体に‼ 後日、写真を見せた宮迫(博之)くんも、「内臓、飛び出てますやん！」と驚愕。

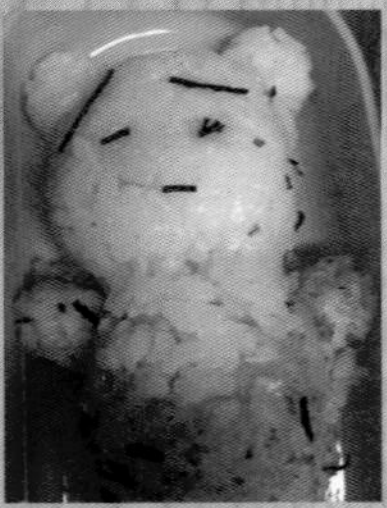

悲しいクマ

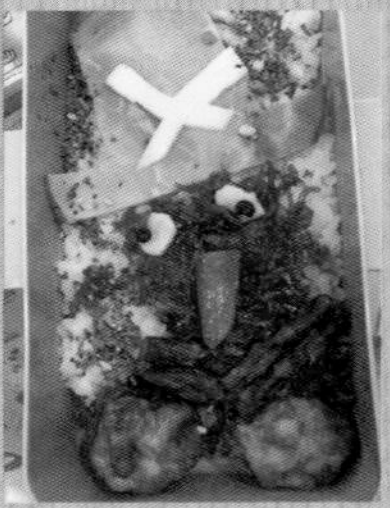

海賊団トナカイ

おしおき戦士

森のなかのクマ

キスカップル

トランプ

木にぶつかった女の子

ハロウィン

(上)どっかの大統領さん、前髪がそっくり⁉ (左)笑ってる顔にしたかったけど、熱々ごはんの上にチーズで顔作ったからとけてきてもーて、痛そうな表情に仕上げました。(下左)だんだんうまくなってきて「わかってもーた!」と、長女の友だちが残念がったほどの完成度♪

竹をくわえた妹

鬼退治する兄

よし子の三つ子の弟

TV・ラジオ、映画……

お仕事 Shot

映画
『翔んで埼玉2』

海外ロケ

台湾ロケではパワースポット石門金剛宮へ。ほかにも弾丸韓国や沖縄など、あちこち飛び回ってます。

ハイヒールで漫才

TVいろいろ

テレビは、『モモコのOH！ソレ！み～よ！』『真夜中市場＋』『よ～いドン！』（以上関西テレビ）、『あさパラS』（読売テレビ）と、ラジオ『ますます！ハイヒール』（MBSラジオ）で頑張ってます。映画『翔んで埼玉2』にも出ました～♪　マツコちゃんとのロケ話は80ページで詳しく！

今日が人生でいちばん若い!

ヤン暦

ハイヒール・モモコ

主婦の友社

はじめに

ハイヒール・モモコ、ついに60歳！　還暦になりました〜！
そして、みなさまのおかげで、またまた本を出すことができました。
ドーモ、アリガトッ♪

元ヤンキー・モモコが、ヤングにヤンチャに還暦を迎えたってことで、本のタイトルは、『**ヤン暦**』です。何歳になっても、私の人生で「今日がいちばん若い日」って思って日々生きてるから、ホンマにヤング（死語!?）やでェ〜。
50歳のときに出させてもらった本『縁運勘、人』から、もう10年もたったんやね〜、ホンマあっちゅう間でした!!

さてさて。

初めて会った人から、

「思ったより**気さく**ですね」

「思ったより**怖くない**……」

「思ったより**細い！**」

とよく言われます（笑）。

私のこと、みんな、どう思ってるん〜⁉（笑）

私のことをよく知ってる人たちからは、私の生き方や考え方が、「おもしろい」らしいです。

私はいたって普通に生きてるつもりやけど、なぜか褒めてもらったり、驚かれたりします。

ということで！
今回のエッセイ本では、50歳から還暦になるまでの10年間を振り返りつつ、ハイヒール・モモコ流の毎日の楽しみ方、時間のつかい方、お金のケチり方（!?）を、私がいっつも口にしてる言葉＝モモコ語録とともに、まとめてみました！

たとえば……

【1秒も無駄にしたくない！】

無駄な時間を削るために命かけてます（笑）。ロケの待ち時間も、15分あったらお買い物2軒行ける。

【寝るのは死んでからでえぇ！】

寝る時間を削ってでも、仕事もプライベートも、スケジュール詰め詰め。「寝なくてだいじょうぶですか？」と聞かれたら、いっつもこう答える。

【今日が人生でいちばん若い！】

歳とったなぁって思うし体力もおちてるけど、死ぬまで楽しみたい。なんでもチャレンジ♡　何歳になっても、今が青春！って思ってるし。

【ずっと家にいても、楽しいことや、いいことなんて何もない！】

【女はきれいにしてるほうが得する】

【人生、人が財産】

【深い経験より、広い経験】

【みんな機嫌よくしてほしい。もめるくらいなら私がまず折れる】

実は、めっちゃ平和主義のヤンキーです（笑）。

モットーとか、アドバイスとかそんなすんごいもんじゃなくて、へ〜おもしろいな〜、そんな考え方もあるねんなぁ〜と思ってもらえたら嬉しいよん♪

時間で　損したくない！
経験で　損したくない！
お金で　損したくない！
対人で　損したくない！
とにかく、損したくない！

そして、
家族も仕事も友だちも、機嫌よく、ハッピーに‼
そんなふうに生きてきたら、最近気づきました。
令和流行りの、
「タイパ」「コスパ」「SDGs」「インフルエンサー」、
昔っからぜんぶやってました！（笑）

還暦になっても、何歳になっても、できないことはない。

だから、なんでもやってみる！
今日も、明日も、全力投球！で楽しむ、モモコのドタバタな毎日……、
さぁ、はじまりはじまり～♪

もくじ

Part2 モモコ一家、大人になっても、てんやわんや♪

Part3 50代は老ける一方!? 美容&趣味のハナシ

～モモコ一家をご紹介～

パパ（政仁）
解体業もしながら、大好きなお店を引き継いでちゃんこ屋「ザ.ちゃんこ!!萩屋本場所」オーナーに。

長男（仁一郎）
秘書にぴったり。長男にはNOがない、というくらい、親の言うことを聞くタイプ。子どものころから仕事先に連れていってたせいか、めっちゃ気が利く。社会人6年目。

次男（政之助）
ハワイ生まれ。日本とアメリカの国籍を持つ。コミュ力バカ高くて、だれにでもすぐハグする。次男にはノウがない、というくらい考えず進む。現在、アメリカ在住。

長女（紗音琉）
しっかり者でとにかく口が達者。親ゆずりのトーク＆交渉力で、ママもパパもタジタジ。勉強はコツコツ型。女子大学生で現在は就活中。

コニタン
26年前、ラジオ局をやめるときに、保育士の資格を持っているからと懇願されてモモコ家のシッターさんに。もはや家族同然の存在に！

ハイヒール・モモコ
プロフィール

1964年 2月21日 生まれ
1982年 リンゴさんと「ハイヒール」結成
1993年 1月27日 小林政仁氏と電撃入籍
1995年 6月30日 長男・仁一郎くん誕生
1999年 2月11日 次男・政之助くん誕生
2002年10月 5日 長女・紗音琉ちゃん誕生

★公式
ホームページ

★公式
インスタグラム

★YouTube
『モモコ新聞』

★オフィシャル
ブログ

装丁 鳴田小夜子（KOGUMA OFFICE）
イラスト 田村 大
DTP 鈴木庸子、松田修尚（主婦の友社）
構成 伊藤絵里子
協力 小西映子
編集担当 佐々木亮虎（主婦の友社）
Special Thanks to Akiko and Hiroto

Part 1

祝・還暦♡
でも今日が人生で
いちばん若い

50代は元気、元気！ 1秒も無駄にしたくない

ハイヒール・モモコ、60歳になりました！

50代はめちゃくちゃ元気！ 仕事に遊びに、あちこち飛びまわってました。SNSを見た友だちが、1日に何回もあちこちでインスタグラムを投稿してるから、

「いったい何人おんの〜？」

と驚くぐらいです。それくらい、スケジュール詰め詰め、時間がある限り、1秒も無駄にせず、あちこちに出没してます〜。


たとえば、昨日は大泉洋さんの舞台観て、ジミーちゃん（ジミー大西）の個展に行って、大阪のS.MOMO（私のお店）に顔出して、そのあと、京都へ行って友だちと夜ごはん。そんで、よく行く北海道のニセコでお世話になってる飲食店の人が大阪に来てると聞いて、大阪戻って会いに行きました〜。こんな感じで、分刻みのスケジュール、一流芸能人みたい！（笑）

もともと無駄が嫌い！　時間も無駄にしたくないから、ちょっとでも時間があったら人と会ったり、何か見たりしたい派。ＳＮＳに配信しきれないくらい動き回るから、その分ホームページ、ブログ、インスタグラム、ＹｏｕＴｕｂｅ配信にも追われまくってます。


私のマネージャーが代わるときに、最初に申し送りされることが、

「モモコは1秒も無駄にしない、そして、もったいないことが大嫌い」

らしい。


これは15歳からホンマにブレてない。この前、中学の同窓会に行ってんけど、そこでも、

「昔からおごってもらうの好きやったな〜」

と言われました。私は覚えてないけど、みんなのごはんを
「ひと口ちょうだい」「ひと口ちょうだい」

で、昼ごはん代浮かして、

「これでタバコ買える！」

と喜んでたらしいわ。こんなにブレへん人も珍しいって。

年齢が上がると、だれかにおごりたがる人もおるけど、私はそんなん思ったことないです！（笑）もちろん、後輩にはおごるけどね！　おごりたい人もいてくれて、ホンマありがとう〜。

1秒も無駄にしたくないから、できるだけ風邪もひきたくないねん。風邪ひいてる時間がもったいない（笑）。

だから、新型コロナ流行のときも、手洗い、うがい、めっちゃ気をつかってました。そのおかげか、仕事もしまくり、動きまくりだったけど、ありがたいことに私だけかからずにすみました（相方もマネージャーもスタイリストも、みんなかかってしまったけど……）。

夢はヘレンさん♡ いくつになっても、仕事があるって素敵♡

関西テレビ『モモコのOH！ソレ！み〜よ！』は、ありがたいことに20年間やらせてもらってます。番組が始まったときは、私は7歳、4歳のワルガキと、0歳の赤ちゃんを抱えたお母さん、着物姿の西川ヘレンさんはお孫さんがいるおばあちゃんでした。いつの間にか、今は宇都宮まきちゃんとかの世代に赤ちゃんがいて、私はそろそろおばあちゃんの年代になってるんよね。世代交代ってことかな。

いつまでも私の憧れはヘレンさん♡　いつか私も着物姿で人生のアドバイスをする、ヘレンさんみたいになりたいな〜って思ってます。

最近、60歳になって、ホンマにこれから生きていられる時間のほうが短いねんなぁ〜と実感してます。

50代前半くらいは「まだまだ若くて先は長い！」と思ってたけど、最近は「先が見えた」という感じがするねん。この前、ほぼ同期のおかゆうたくんが61歳で亡くなったり、同窓会に参加してみて、亡くなってしまった同級生がけっこういるとわかったりしたこともあるかな～。

50代前半のころ、同級生が亡くなったら「若くしてホンマにかわいそうや」と心から思ったけど、最近は「明日はわが身」というか、めちゃくちゃ近くなってきたなと感じてます。遠い話じゃなくなったというか……。そうは言っても、まだまだ40年以上生きる気でいるけどね～!!

動ける60歳代のうちに、海外旅行もしといたほうがいいな～と思います。実は40歳のときに、親友のSちゃんとHちゃんと
「50歳になったらみんなでイタリア行こう」
って約束したんやけど、めちゃくちゃすぐ50歳になって、ヤバイヤバイ！って、イタリアの約束を60歳に延ばしました。

でもあっという間にもう60歳。

「ヤバイヤバイ。どうする？　もうちょっとだけ延ばす？」

とまた話してます（笑）。それくらいあっという間に時間って過ぎるよね〜。

ちょうどまわりでは、孫がバンバンできてて、これはこれですっごく楽しい、幸せなことやなって思います。


話は変わるけど、この前、競馬の菊花賞の実況で有名なアナウンサーの杉本清さんと、急にごはんをごいっしょできることになりました。

実は時間的にタイトで、遅れても失礼やし、お断りしようか迷ったんだけど、ちょうど上岡龍太郎さんが亡くなった年で、上岡さんがゴルフされてて、「私もいっしょにいつか回りたいな」と思ってゴルフを始めたのに、それが叶わず、「なんでもっと早くゴルフしなかったんやろう」と、すごく後悔してん。だから、どんなかたにも会えるチャンス、話せるチャンスがあるなら、会いたい、話したいと思って、急いで準備して、出かけました。

杉本さんは御年87歳。ずっと実況のお仕事をしてはって、マジメ一本で来たんやけど、テレビ番組『とんねるずのハンマープライス』に出演したのをきっかけに、とんねるずの事務所（現在は石橋貴明くんの事務所）に入ったそうです。

年齢を重ねて、あるとき、

「もうそろそろやめます」

と事務所に言ったら、会社のかたに
「仕事はいつかなくなるもんです。仕事の依頼があるってことはすばらしいことだから、オファーがある間はやったらどうですか？」

と言われたということで、今もゲームの『ウマ娘　プリティーダービー』の実況を続けてはるんやって。

「昔みたいに馬の名前を完璧に覚えたりはできませんけど、楽にかまえて、できることをやっています」

とおっしゃってて、すっごく素敵やなと思いました。私も仕事をいただける限りは、できるだけ長く働きたいなと思ってます。

「テレビの生放送に出続けたい。ギャラ安くていいから！」とずっと言ってきました。ありがたいことに今も出させてもらってます。いつかオファーがなくなることもあるかもしれない……。そしたら困るけど、でも「怖い！」とは思ってないです。そうなったら、旅行するとか、ほかのことしようと思います。どんなこともいいように考えます。神様が、「もうそろそろですよ」と言ってるんやなと思います。次のステージに進んだってことやね！

考え方は人それぞれ。私のまわりでも、60歳になって「給料が半分になるんやったら仕事やめる」って人もおるし、それでも「楽しいから続ける」って人もおる。新たに会社をつくる人もおったりで、ホンマいろいろ。

年齢は関係なくて、人それぞれ。考え方もそれぞれで、いろんなかたに会って、いろんな話を聞くだけで、ホンマ人間っておもしろいなって思います。

いつキムタクと会ってもだいじょうぶ！

「モモコさん、美容系、何やってるんですか～」

とよく聞かれます。

もちろん、いろいろたくさんやってるよ～。ちょっとでも若く見えるように、ちょっとでもきれいに見られるように！　女性はおしゃれできれいにしてるほうが、得すると思うからね♪

美容については、Ｐａｒｔ３で詳しく書くけど、お金かけていろいろやるのももちろん大事！　歳とってもきれいな人は、だいたいお金持ちやもん（笑）。でも、家でできる節約美容もめちゃ大事やと思います♡

たとえば、おしゃれなコロコロローラーみたいなのは、やっぱり高いやん？　だから、私は綿棒が入ってる丸い筒型の透明ケースでコロコロしてます。軽いし、あごまわりがスッキリして意外といいんです。濡れタオルを電子レンジでチンしてあっためて、顔にあてて毛穴開いてから化粧水を入れるのもおすすめ。

あと、使い捨てカイロがまだほんのりあったかくて、捨てるのもったいないな〜ってとき、あるやん？　そういうときは、ティッシュやガーゼでくるんで目にあてて、自家製ホットアイマスクで疲れをとったりしてます。育毛剤はやっすいのんでもいいから、40代からずっと続けてるよん。

あと、毛染め！　40歳超えたら、ホンマ染めても染めても、白髪が出てくるから、ずっと自分でやってるねん。いっちばん安い毛染め液をずっと使ってきたけど、最近は髪が傷まないちょっとだけエエやつに変えました（笑）。

ジェルネイルもお店でやってもらうともちろん素敵な仕上がりやけど、今は100円ショップでもたくさん売ってるから、それでもいいと思う。ボロボロの爪してるよりはずっといいし、気分もあがるよね。

家事で家の中を走り回るときは、できるだけつま先立ちしてるし、友だちには、「いくつになっても、ミニスカートはけ！」って言ってます。見られる緊張感が大事やし、黒いタイツはいたら、細身のパンツはいてるのとおんなじ、寒くない！

言い方やことばも大事やなって思うねん。「老眼鏡」って言ったらすっごくおばちゃんくさいけど、「お手元メガネ」って言ったらお上品やん？　更年期のことは、ホットフラッシュを短くして「フラッシュ」って言ってるよん。

おしゃれも大好きやから、今、芦屋の人気ブランドＬ：ｉＳＡＬ：ｉＳＡさんとコラボして、バッグを作ってま〜す。バッグはバイカラーのツートンで、片方ずつ色を変えてます。片方から見たらベージュで、反対側が黒です。急にお通夜があっても黒いほうを見えるようにして持てば大丈夫なようにね（笑）。シルバー＆ピンクもあるよ。

ハイヒールが商品を試してホンネでおすすめする通販番組『真夜中市場＋』（関西テレビ）で、昔はチューしたくなるリップとか紹介してたけど、、最近は、尿漏れパンツとか骨盤矯正ショーツとかが増えてきました（笑）。でも、尿漏れパンツも、お出かけ用のイイのがどんどん出てきて、歳を重ねてもおしゃれできるのって素敵やなって思います。

私がいつも思ってるのは……

いつキムタクに急に会うことになっても、準備ＯＫ！な自分でいようってこと。
そのために洋服はもちろん、パンツもいっつもかわいいの、はいてます♡
親友からは、気持ち悪がられてるけどね～。

え？　取り調べ室!?　服がもったいないからお店やるワ

みんなも知ってるとおり、私はもともとお買い物が大好き。ハワイとか行ったら、お礼や出産&結婚祝い用に、めちゃくちゃ買いだめしてました。

子どもたちが小さいころ、

「あした友だちの誕生日やねん」

とか突然言い出すことがあって、でも急に買いに行かれへんやん？　そういうときのために、かわいいものを見つけたら、いっぱい買ってありました。

あるときママ友に見せたら、

「これ売って！」

と言われて、玄関先でママ友とかにずっと売ってました。

今から4年くらい前、ちょうどコロナ騒動もあって、スタイリストの子が暇してたとき、バイトで衣装部屋の掃除をしに来てくれてんけど、あまりに服が多いから、「これ売ったらどうですか～？　7～15号まで持ってる人、なかなかいませんヨ」と……。太ったり痩せたりしてたからね～（笑）。

そんなこんなで思い立って、「お店やろう！」となってんけど、テレビ局から歩いて行けて、駅近で、広さはこれくらい～と、15歳のときからの知り合いに物件を探してもらったら、なんと1週間で見つけてくれました。それが今のお店です。

ＪＲ大阪駅から徒歩12分、福島駅から徒歩1分！　お客さんに来てもらいやすい場所で、私も仕事の合間に行きやすいめっちゃいい場所♪　気に入りました！

そして、２０１9年にＳ．ＭＯＭＯオープン!!　ホンマに狭い店やけど、ぎゅうぎゅう詰めに１０００点くらい服や小物を置いてます。新生児～子どものもの、大人の服や小物、ブランドものから仕事で着た衣装まで、ホンマなんでも揃ってます。よろず屋みたいな店やから、ありがたいことに知り合いの社長さんたちが、ゴルフコンペの景品を買ってくれたりもしてます。今のところ、赤字ではございません（笑）。

一度着た服（衣装とか）を売るには、古物商の申請が必要で、管轄の警察署に行かないといけないねん。私ひとりで大阪の福島警察署に行ったら、

「モモコさん、おひとりで来たんですか～？」

と警察のかたが気をつかってくださって、目立たないように取り調べ室に入れてくださいました。なつかしいような複雑な気分やったワ……（笑）。

お店がオープンして4年がたつけど、お店にはちょくちょく行ってます。1日ずっといるときもあるし、ちょっとだけ顔出したり、何日も連続で行ってるときもあります。会えるまで通ってくれる人も多くて、でもこればっかりはタイミングやねんな～。10回来てくれて10回とも会える人もおれば、20回来てくれて1回も会えへん人もおるねん。時間が空いたときに行くようにしてるから、申し訳ないけどいつお店に出てるかはお知らせできないねん。行くゆーて、行かれへん日もあるからね。

でも、ファンのかたと直接しゃべれるのはホンマうれしいし、時間あるときは悩み相談にも乗ってるよん。できたら、何か買ってくれてからにしてほしいけどね〜（笑）。

仲よしの放送作家Kさんが、

「いい案、思いつきました！　モモコさんめっちゃお店に出てるから、モモコがあなたに合った洋服選びます〜みたいな企画をＹｏｕＴｕｂｅでやったらどうですか？」

と言ってくれたけど、

「そんなん、いつも普通にやってることやん」

とお断りしました（笑）。だってホンマ、私にとっては普通のことやもん。

お店で私のエッセイ本を買ってくれたら、サインだけでなく、ハンコも押してるから、買い忘れてる本があったら、ぜひお店で買ってね〜！


今、お店で働いてくれてるバイトのRちゃんは、20歳。一周まわって、うちの子たちがみんなテレビに出てたことも知らない世代です。なので、ファンのかたがあまりにもうちの子たちのことに詳しいので、

「なんでみなさん、あんなに知ってるんですか～？」

って不思議がってます。そらそうだよね～（笑）。

今は私の家族がテレビとかに出ることはそんなにないけど、昔はまさにガラス張りで、家族出演が多かったからね～。『ハイヒールモモコ一家の夏休み』（関西テレビ）という番組で、海外ロケもたくさん行かせてもらいました。それを見てくれてた世代のかたたちは、

「長男くん、次男くん、長女ちゃん、今どうしてるんですか～？」

とわが子のことのように心配（？）してくださってます。ホンマありがたいです♪

今のところ、お店の営業時間は12時～18時の6時間です。バイトさんは、6時間超えて働いたら45分以上休憩しないといけないんです。それなら6時間働いて帰ってもらったほうが、バイトのコにとっても時間が有効に使えるからね～。

念願のお店オープン。ちっちゃいお店やけど、めちゃくちゃ物置いてるから、掘り出し物も！

S.MOMO（エスモモ）
〒553-0003 大阪市福島区福島5-1-17（ホテル阪神裏）
営業時間／12時～18時　定休日／不定休　インスタグラム @s.momo_shop

ビックリするくらい、パパは長女命！

お兄ちゃんたち2人は、パパを〝怖い〟と思ってます。昔めちゃくちゃ怒られたこともあるしね～。長男にいたっては、いまだにパパの足音が聞こえたら起きる！っていうくらい恐れてます。大好きだけどやっぱり怖いみたい。


でも、長女にいたってはパパのことを、まったく怖がってないんです。

「おやじにあんなえらそうに言うの、信じられへん」

って長男も次男も驚いてます。

それくらい、パパは長女にはめちゃくちゃ優しいです。パパがガツン！と長女に怒ることもあるんやけど、

「なんでパパ、女のコにそんなふうにキツく言うの～？　怖い言い方されたら、パパのことイヤになるよ～。普通に言ってくれたらいいやん」

と言い返すから、パパも

「ご、ごめ〜ん」

　と納得してしまうねん。

　最近、長女が撮ったパパの動画を見てビックリ！　2人で毎朝、動画を撮りあってるんやって〜、知らんかったワ！　朝はパパが長女を起こすんやけど、私のバッグをかけたり、スカーフ巻いたり、毎回おもしろい格好して起こしに行ってることがわかりました（笑）。動画を見て、「パパってこんなんする人やったん？」って私も驚きました。長女も眠たいけど、動画を撮るために起きるんやって〜。

　パパが外泊するときは、

「明日の朝は自分で起きや〜」

　と言いながら出かけるんやけど、出先からちゃんと電話で起こしてあげてる優しいパパです。

　私からしたらどこがおもしろいのかわからへんけど、パパの寝姿を写真に撮ってたりもします。赤井英和さんの嫁の佳子ちゃんが、赤井さんのめちゃくちゃふだんの写真をアップしてて話題になってたけど、同じくらい長女はパパの写真を持ってると思います（笑）。

ちなみにうちは5人家族やけど、パパと長女とか、私と次男とか、どのペアでも「2人セット」が平気やねん。よく家族の中で相性悪いみたいなのを言う人がおるけど、うちはその点、全員だれとでもおれるし、だれとでも出かけられるから、ありがたいです！

長女の携帯で楽しく自撮りするパパ。

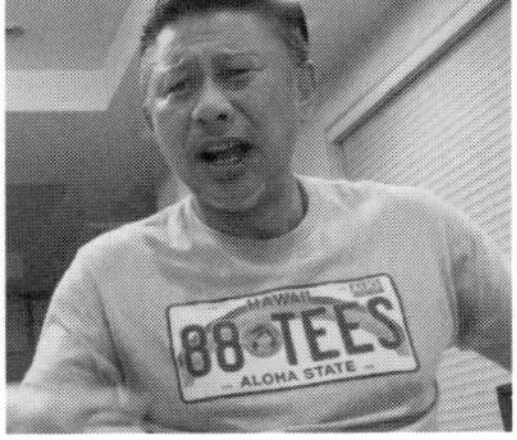

深夜、大好きな激辛番組を見ながら、激辛ラーメンを食べるパパ。

毎朝笑かすための小細工をして起こしに来るパパ。

長女が映え写真撮ろうとしたら、なにがなんでも写り込んでこようとするパパ。

カメラ回ってます〜ってゆーたら、切り替えすごいパパ。

アサイーボール食べる顔じゃないパパ。

モモコをよく知る
家族＆仲間に
ヒアリング

モモコ語録

①「時間」

お仕事や家族ぐるみでおつき合いのあるみなさんに、直撃アンケート。なるほど〜、そうきたか！　あっぱれ♪　などなど、とにかく印象に残ったモモコのセリフを集めました。

01

寝るのは死んでからでええ！

私が「寝ることが好き」と言ったら、「死んだらずっと寝てられるやん、生きてるうちにいっぱい動かな！」と。たしかに！（H・Hさん／長女の親友）

02

1秒も無駄にしたくない

大阪で生放送番組が17時50分まで。最後のCMに入ると同時にマイクをはずしながら、「お疲れさまでしたー！」と風のように去っていき、靴を履き替え、歩きながら着替え、局を出てタクシーへ。18時6分新大阪発の新幹線で京都へ行き、18時30分スタートの食事へ行かれていました。生放送終えた30分後には京都にいる……無駄ひとつない動き、スタッフさんとの連携プレー、すべてに感動！（玉巻映美さん／毎日放送アナウンサー）

03

毎日ずっと小走り

04

苦手なことは、さっさと人に頼む！得意な人が得意なことをやればいい！

05

できるだけ楽で早い方法を！効率が大事！時間の損は何よりも避ける

06

タクシーは並んでいる3台目までは歩け！

タクシーが自分の前に来るまで待つな。3台目ぐらいまでは、自分から歩いていって乗れという意味。特に東京駅の八重洲口前乗り場。（H・Mさん／18歳からの親友）

07

何分待つ？買い物できる時間ある？

海外ロケでの言葉。「15分です！」と言うと、「ほんなら2軒は行けるな～」とブランドショップに行かれます。たった15分も無駄にしない、モモコさんのバイタリティーを感じます。（S・Fさん／制作会社ディレクター）

08
熱いもんはぬくぬくのうちに！

冷めたらおいしくないから、絶対にあったかいうちに食べる！（M・Sさん／読売テレビ『あさパラS』デスク）

09
知らんと損するから、すぐ調べるか、すぐ人に聞く

10
路線検索は「セカセカ」に設定

11
ここはもう家！

京都で歌舞伎を見て食事をして、いつもの運転手さんのタクシーへ。座るや否やもう着物を脱ぎ始めます。着物や帯や紐に埋もれながら、長襦袢1枚に。ここはもう「家」なんだそうです。さすが！と感心しているうちに、気持ちよさそうな寝息が。窓からのぞかれたら？　事故に遭ったら？と心配になりますが、どこ吹く風。タクシーから家に入るときは、「ダッシュするからだいじょうぶ。夜中やからだれも見てへん」そうです。（R・Fさん／毎日放送）

「どこからが浮気!?」時間がちょっとでもあったら…

パパは私がどっか出かけるときは、必ずといっていいほど車で送ってくれます。ちゃんこ屋の仕事が夜からだってこともあるけど、ホンマそこは優しいです。

たとえば、どっちかが旅行で
「×日から、××へ行ってくるわ～」

と言っても、

「は～い、いってらっしゃい」

という関係です。


それぞれの友だちを尊重する感じかな。男性に女友だち、女性に男友だちがいるのはイヤっていう人もいるけど、私もパパも平気なタイプ。ちなみに、私が男の人と2人っきりで鳥取にカニ食べに行ったり、2人でサンダーバードに乗って金沢に行ったこともあるけど、全然ゴシップにならんかった（笑）。

私の男性の知り合いは、たいてい奥さんのことを私も知ってるから、「モモちゃん、いつもうちのダンナを連れ出してくれてありがとう〜」と感謝されたりもします。私にやきもちを焼く人はいないみたいです（笑）。もちろんご夫妻いっしょに出かけることもたくさんあります。

そういえば、この前長女に、

「どこからが浮気？」

って聞かれて、ドキッとしました。

「ママは、ほかに好きな人ができた時点で浮気やと思う」

と答えました。

私は、浮気してても隠してるんやったら、どうぞご自由にって思います。18歳のときから芸能界や夜の世界の人を見てきて、女の人と遊んだりするのが普通やったから（でもみなさん奥さんも大事にしてたけどね〜）、感覚おかしいんかな〜（笑）。

話もどるけど、最近は家に子どもがいないときもあるから、パパとは2人でごはん食べることもあるけど、不思議と「外、食べに行こ〜」とはならないです。子どもがいなかったら、お互い「友だちと食べてくる〜」ってなります。

パパとはお互いに不満はゼロではないし、人生何があるかわからないから、一生いっしょにいるのかどうかはわからへん。でも、パパにはいっつも感謝してまーす!!

これはみんな言ってることやけど、子どもが巣立ったあとに、〝夫婦2人っきりがキョーフ問題〟。「パパしかおらん！」となって平気な人はいいけど、それがイヤな人は、そのときのために、今から友だちとの趣味や遊びを充実させとくのがおすすめ。

私の場合はもともと、おいしいものが大好き♡　友だちとGOC（外食オタククラブ）を結成してます。あと、爆食会（1日に何軒もまわる会）とか、着物で京都で食事する会とか、釣り部やゴルフ部や鑑賞部など、いろんな会を作って食べに行ってます。自分でおいしいごはん屋さんを探したり、人に聞いたりするのも楽しい〜。

ノルマじゃないけど、1週間に1回は喫茶店でもいいから新しいお店に行くようにしてるねん。『よ〜いドン！』（関西テレビ）でおいしいお店を紹介する「本日のオススメ3」のコーナーでも、ホンマに気になる店はメモしてるしね。

20代のスタイリストさんがおいしいと言った店も行くし、長年やってくれてるヘアメイクのSちゃんおすすめのお店も行きます。幅広くなんでもどこでも行ってみる！　あちこちウロウロしてると料理人さんとも仲よくなって、食事に行ったり、ゴルフや釣りに行かせてもらったり、ありがたいことに交友関係がめちゃくちゃ広がりました。

京都に大好きなおねさんがたがいて、その人たちとのごはんは、この私が「自分で払ってでも行きたい！」って思うねん。とにかくお勉強になる！　人生の勉強やね〜。着物のときの素敵な作法から、お茶会のお礼の持っていき方まで、ひとつひとつ見習ってます。

「別にええねんけどな〜、ホンマはこうするものよ〜」

って教えてくださいます（笑）。

後輩女芸人たちとも、よくごはん行きます！　後輩はみんなかわいいなぁ〜♡　だれでも誘うよ〜。私が知り合いと外食するときは、お席があいてれば

「だれか連れてきていいよ～」

と言ってもらうことが多いので、「今度ごはん行こうね～」と約束した順番に誘ってます。

でもよくいっしょに遊んでた後輩たちが、ちょうど今、結婚したり子育て中！　なかなか出かけられなくて寂しいけど、いつも「がんばれ～!!」って応援してます。

こんなふうに、私の場合は子どもたちの手が離れて、おいしいものを食べることに走ったけど、みんなそれぞれ、自分の趣味を見つけてほしいなって思います。好きぴや推しを作ってオタ活するのもいいし、なんでもいいと思うよん。

「でも、何するにもお金かかるやん？」

と言われることもあるけど、たとえばゴルフだって田舎のほうに行けば、やっすいところもあるし、舞台を観るにしても安い席もあるよね。

お金をかけなくても、遊べることはいっぱいあると思うよん♪

相方・リンゴが人間の心を取り戻した件

28年間ずっとやらせてもらってる『あさパラS』（読売テレビ）の楽屋が、ついにリンゴと別々になりました。けっして仲が悪くなったわけではありません（笑）。私が更年期のせいかとにかく暑がりになってクーラーをつけまくるから、リンゴが寒すぎて手が凍えるらしいねん。

「肘痛くなるし、もういっしょにいられへん！」

となりました。

そして、最近リンゴは猫を飼いました。それで、人間の心を取り戻しました（笑）。めちゃくちゃ優しい猫のママになってます。

楽屋で、寝てんのかな〜と思ったら、独りごと言ってて、何しゃべってるんやろ?との ぞき込んだら、猫カメラで家にいる猫と話してました（笑）。

猫がケガしたらアカンから、物を上にあげてきたとか、猫がいるからクーラーつけてきたとか、夜中に病院に行ったとか、「私も子どもたちにそうしてたな〜」と思うことが多いからすっごく共感できるねん。

私はペットを飼ったことがまったくないので、何を聞いてもホンマに子どもといっしょやなと思います。お散歩用のレインコートがあるとか、体にいい食事を取り寄せてるとか、リンゴが話してくれて、「あぁ私もそうやったな〜、なつかしいな〜」みたいな気持ちで聞いて楽しんでます。

私がペットを飼わなかったわけは、子どものことだけで自分は精いっぱいやと思ったから。でも、長女が2歳になってようやくしゃべれるようになったころから、

「いぬ、かって〜」

と、トイプードルをおねだりしてました。

ずっとずっとずーっと言われ続けて、長女が高3になったとき、コロナ禍の受験生で家

にこもって勉強してて、外も行かれへん、留学も行かれへん、全部リモート。ホンマかわいそう！って思って、ついに

「犬、飼う〜？」

って初めて言ったら、

「もう、おそいねや〜（↑『男女7人秋物語』風）」

って言われました。

「今は毎日家におるけど、大学生になったら私ハジけるねんで、遊ぶねんで、バイトもすんねんで。家にほとんどいなくなるのに、ワンちゃん飼ったらかわいそうやん？」

とピシャリ。長女と話すと、いつも、ごもっとも!!と思います。

「お金ないね〜ん」ばっかり言う人は損やと思う

もともと「お買い得!」とか「得する」のが好きやから、どこ行っても「どっちが得?」と考えながら生きてます。おごってもらうの大好き、払うのは大嫌い(笑)。

昔からポイント貯めるのも、もちろんやってるよ〜。いっしょにいる人がポイント貯めてなかったら、もちろん人のポイントももらってます。

京都のMKタクシーには、「タクポ」っていうポイントがあります。仕事や遊びでいっしょにタクシー乗ったとき、男性はポイント貯めてない人が多いやん? だから必ず私がポイントつけさせてもらってます。

タクシー降りるときに私がお財布を出すと、男性は

「いいですよ〜、僕払いますから」

と言ってくれることが多いんやけど、

「わかってます〜、ポイント貯めるだけです〜」

ってポイントカードをサッと出します。たいてい相手は、

「あ、あぁ～」

となります（笑）。でも友だちはみんな慣れてるから、いつものことって感じやけどね。

そういえば、わが家のお金のこと、ちゃんと書いたことなかったよね～。小林家のマイホームは30年ローンで私名義。それと子どもたちの学費や塾代は、私が払ってます。そのかわり、電気、水道、ガス、食費はすべてパパ。実はわが家はめちゃくちゃ防犯カメラつけてて電気代すごいから、パパ持ちで助かってま～す（笑）。でもケチやから、クリスマスのイルミネーションはふだんはスイッチ切ってて、見るときだけつけるねん。そんな悲しいキラキラ、ある～？？（笑）

「お金ないねん」

ばっかり言う人は好きじゃないです。そら、みんなお金ない。みんなお金もっとほしい。お金はあるに越したことないよね。

でもお金がなくても、工夫次第で楽しめることはたくさんあるやん？　たとえば、

「いつも歌舞伎を観に行ってて、すごいですね。席とるのに2万くらいしませんか？」って聞かれるけど、抽選で安い席に応募したりもしてます。

親友のHちゃんがイヤホンガイドの100円割引券も必ず持ってきてくれるし、水は安い店で買って持っていくし、節約できることは絶対にするようにしてるよん♪　ハワイ旅行だって、朝ごはんはコンビニで買って部屋で食べたりしてます。

ようはどこにお金かけるか！だよね〜。わが家のシッター・コニタンには〝推し〟がいるから、推しにはお金をかけてるし、友だちでもブランドものには興味ないかわりに、自分磨きにはお金かけてるって人もいます。自分の好きなことにお金をかけて、ほかを節約するのがいいよね！

できるだけ節約したいから、野菜は安いときに買って切って冷凍しとくし、大きい買い物するにしても、あちこちすんごい調べて、どこがいちばん得か考えてから買うようにしてます。ネットで必ず調べてるよん。海外でブランドもの買うときも、日本での割引とかポイントとか全部最大限に利用して、それより安いかを必ず調べてから買うようにしてます！

ドキッ！　僕のこと覚えてますか？

なかなか予約がとれないミシュランガイド掲載の店に行かせてもらったとき、ご主人に「僕、30年前にモモコさんに会ったことがあるんです」と言われて、びっくり!!　パパと京都に2年間だけ住んでたときに行ってたお寿司屋さんのバイトくんだったらしい……。そんとき愛想よくしといてよかったわ～（笑）。だから今があるねんもんな～。

はたまたあるときは、

「モモコさん、僕のこと覚えてますか？」

ってイケメンくんに声かけられました。

大阪の「ラ カーザ トム クリオーザ」や京都の「チェンチ」とか、有名店にしか卸してない岐阜のハム屋さんがあって（修業に行かないと卸してもらえないらしい）、そこの生ハムは死ぬほどおいしい！　たまたまそこのイベントに行かせてもらったら、見た瞬間、絶対友だちになろうって思うくらいのイケメンくんがいて、突然声かけられたからめちゃくちゃ驚きました。

ここから話は飛ぶんやけど、私が24歳くらいのときにイタリアのミラノに行ったことがありました。なぜかその日は全部の店が閉まってて、え？　なんで？　大好きなシャネルも閉まってるし、ごはんも食べられへん。あまりに変やから旅行会社に確認したら、なんとその年にできたばかりの祝日！

悲しすぎて旅行会社に、

「どこか開いてる店ないですか？」

って聞いたら、日系ホテルの1階のお土産物屋さんなら開いてる！ということで、紹介してくれました。

そこで出会った〝いくよさん〟がめちゃくちゃいい人で、ホンマに初対面やったのに、わざわざコモ湖のほうのレストランまで連れていってくれてん。

実は、この話には後日談があって、そのいくよさんにお礼のおかきを送ろうと住所まで聞いたのに、その紙をなくしてしまって、当時は携帯電話もなかったから、探す手立てがなくて……。たまたま、お礼を言いたい人に会うっていうテレビの企画で探してもらって、おかきを渡すことができました。

やっともとの話に戻るけど、そのいくよさんのお店に若い男のコがバイトでおって、なんとそのコが生ハム屋さんで出会ったイケメンくんやってん‼「覚えてますか？」と言われて、ホンマどこでだれとつながるかわからんよね〜（笑）。

そして、これもホンマの話やけど、大阪のイタリアンのお店で修業してたコが、仕事が大変すぎたのか、ある日突然ブッチして来なくなったらしいねん。お店のカギも持ったまま行方不明になって、それはそれは店長さんは困ったらしいわ。

月日は5年くらい流れて、その店長が東京でお店を出しました。あるとき娘さんが「結婚したい！」ってお相手を連れてきたら、なんとそれがかつてブッチしたコやってん‼その話を聞いたときは、ふるえたワ〜。彼は心底あやまって、その後、無事に結婚できたらしいけど、そんな恐ろしいことってある？？　こんなことが起こるんやから、どこでだれとつながってるかわからないんよね〜。

苗字が変わっててわからなかっただけで、実は知り合いってわかることもあるし、たぶん私の感覚では、7人しゃべったら、7人目には知り合いがおると思ぅ（笑）。

こんな感じであちこちつながるから、みなさんふだんから気をつけましょう。私に新人マネージャーがついたら、必ずこう言うてます。

「タクシー乗るときに、足あげてえらそうに座ったりしたらあかん。そのドライバーさんは、将来あなたがおつき合いする女性のお父さんかもしれません（笑）」

ニセコ大好き♪　格安航空会社に乗るときは7kgまで！

時間があったら、1泊でも北海道に行きます。それくらい北海道が大好き。格安航空券で行くとホンマ安い！　でもＬＣＣのとある航空会社は、7kgまでしか無料で荷物を機内に持ち込めないねん。だから重さをはかってもらって、7kg以上になったらその分をなんとかして体に巻きつけてます。この前はジーパンを首に巻きました（笑）。

いつもその姿がめっちゃおもろいなって自分で思うから、写真撮りたいねんけど、北海道行くときは向こうで友だちと合流することが多くて、飛行機はだいたい1人（涙）。いつか自撮りせなな〜。もちろんスーツケースだとそれ自体が重たいからＮＧ。紙袋だよ〜ん。

北海道のお気に入りは、なんといってもニセコ！　プライベート相方のエミちゃんと向こうで会います。新地のレストランのオーナーをしているエミちゃんは、1999年に始まったテレビ番組『ちちんぷいぷい』（毎日放送）の料理の先生として出会いました。『ちちんぷいぷい』は終わっちゃったけど、エミちゃんとは約25年のつき合い。すごく気が合って、「プライベート相方」とか、コンビ名がつくくらいいつもつるんでます。2人でいろんな人におごってもらってるから、「金ゆすりたかり」っていうコンビ名もあるねん。

もともと2人して北海道が大好きで、おいしいレストランを探しては、毎年のように通っていました。洞爺湖のフレンチや真狩村の「マッカリーナ」が大好きでよく行ってました。

9年間くらい続けてたんだけど、10年目にたまたま私が行けなくて、エミちゃんがダンナさんと北海道へ。そしたら帰ってきたエミちゃんが

「北海道に別荘買ってきた！」

って言うねん。毎年ホテルに泊まるのもったいないし、たまたまその物件がめちゃくちゃ安かったから即決したみたいです。場所はニセコで、とあるおじいちゃんが孫と過ごすために建てた別荘でした。残念ながらご病気で亡くなってしまって、娘さん3人が相続してそれを分けないといけないから、すぐ現金で買ってもらえるなら……ということで格安で売ってもらったらしいです。新しくてきれいやのに、車買うくらいの値段で買えた！っ

て、すごく喜んでました。

エミちゃんは、北海道の道端にふきのとうを見つけて、「私、山菜とるときが、もうふるえるくらい嬉しい、大好き♡」と言いながらとるくらいの山菜好きやから、ニセコに別荘を買ったのはホンマによかったと思います。

当時のニセコはな～んもなかったけれど、その後、めちゃくちゃ人気になって、今や土地や物件の値段が爆あがり！　いろんなレストランができたし、リッツ・カールトンやパーク　ハイアット、アマンといった高級ホテルができて、まさにバブル♪　もちろん安くて広いコンドミニアムもあるし、大人数で行くなら1軒まるごと借りられるロッジもあるよん。これから新幹線が通るみたいやし、軽井沢の全盛期以上！ってくらいどんどん進化してます。

アメリカ、カナダ、ヨーロッパ系やアジアの人たちにも超人気で、コロナ禍前は英語しか聞こえないくらいでした！　明らかに日本的な「次郎長」っていう居酒屋に電話しても、「ハロー」って出るくらい（笑）。

北海道のコンビニ、セイコーマートのニセコひらふ店には、なんとシャンパンも置いてあるねん。道端のカフェでも、海外のかたがシャンパン片手におしゃれにトークしてたりします。あっという間に外国に来た気分になれるよん♪　スキーの季節も素敵〜♡　ロッジのごはんが、うどんとか焼きそばじゃなくて、おしゃれなカフェメニューだったり、シャンパンも飲めたりします。

行く店を迷うくらい、おいしいレストランがいっぱいあって、ニセコが大・大・大好きになりました。今も毎月のように、時間があったらすぐニセコへ！　もちろんＬＣＣの格安な飛行機で飛んでま〜す。

気をつかわれたくないから「痛い」とは言わない

帯状疱疹ってホンマ恐ろしい病気です。ある日、突然、「左の口の近くがピリピリするな、山椒食べたあとみたいやな、今までにない痛みやな」って思いました。おたふく風邪かと思って、内科を受診。いろんな感染症の検査をしても何も出ず。それでも、痛い痛いと思いながら仕事してました。もしや、「歯が痛いのかも?」と思って、歯医者に行ったけど、やっぱり問題なし。そうこうしてる間に、耳の横にブツブツができ始めて、わが家のスーパーシッター・コニタンが

「帯状疱疹じゃないですか?　私がなったときと似てます」

と言ってくれて、大きい病院へ行ったところ、帯状疱疹と診断されました。

そっからの4日間がもう地獄!!　子ども産んだときより、骨折したときより痛い!　痛みに波があるんやけど、痛すぎて気ィ失うかと思ったんは初めてでした。

ちょうど友だちと旅行の予定で、仕事を入れてなかったからまだよかった〜。申し訳な

いけど旅行をキャンセルして、家で寝込みました。

みなさんに言います！　水疱瘡になったことのある人は、帯状疱疹になる可能性があるから、気をつけて！　そして、50歳をこえたらワクチン打てるから、必ず打ってね！　体半分にだけピリピリした痛みが出て、帯状疱疹かも？って思ったら、すぐ病院に行ってお薬飲んだら、かなり軽く済むから覚えといてほしいです。

ちなみに、私の場合は帯状疱疹にかかってから5年がたつけど、実は今もまだ顔の一部がめちゃくちゃ痛いです。マスクも痛いし、物食べるときも片方でなるべく食べてます。ずっと虫歯みたいな感じ。帯状疱疹後神経痛と言われました。

でも、今まで大きな病気はしてなくて、メニエール病と帯状疱疹くらい。意外としんどかったんが、ギックリ腰！　歯磨きできへん、なんもできへん（涙）。でも、病気はそれくらいで、まわりもビックリするくらい元気に過ごせてます。ほんと、感謝感謝です！

病気ではないけど、50歳代、もっぱら話題は「更年期」です。最近は、更年期症状がつらいってことが認知されてきたよね。でも、漫才で「あんた、更年期や！」ってツッコむことがあるけど、イヤな気持ちになる人もいるのかも？って思ったりもします。私は更年期の症状は軽いほうで、暑がりになったくらいやけど、人によってはホンマにしんどそうやからね……。

友だちの友だちで、更年期でうつ症状がひどくなってしまった人もいるねん。

「こんなの私じゃない。私って、こんなんじゃない」

って自分でも思うんだけど、どうもできなかったらしいです。でも、漢方薬を飲むようになって、嘘みたいにその症状が消えたんだって。だから、病院や漢方薬局に行くっていう手もあるなって思います。

しんどさって、人には見えないからね。ブツブツができるとか、シマシマ模様になるとかやったら、まわりの人もわかるけど、更年期はわかってもらいづらい……。

私もメニエール病のめまいや帯状疱疹になったとき、まわりの人にはわかってもらえないやろうなって思いました。でも私の場合は、わかってほしい気もするけど、気をつかわれるのがイヤやから、わかってもらわなくてよかったかなって。もし顔に何か残るとかやったら、見る人みんなが気になってしまうやん？　でも「痛い」ってだけで、みんなに知られずにいられるほうが私はいいタイプ。心配されるのが大嫌い、気をつかわれるのが大嫌い、やからね！

そして、ついに60歳。ホンマに老けてきた！って思います。そんなとこシワなかったのにってところにシワができたり、手の血管が浮き出てきたり。ビックリすることだらけ。ジェルネイルをしたあとに、いつも仕上がりの写真を撮るんだけど、今までは普通に手の甲を上にして撮ってました。けど、今は手のひらを上にして、指だけ曲げて撮られるようになりました。なんなら、わけわからん石、持たされて撮られたり（笑）。

私は生理がわりと長くありました。生理は面倒やし、早く終わったらいいなとずっと思ってたけど、閉経したら急に体が老けた気がするねん。そんなこと全然知らなかったから、友だちに

「なんで教えてくれへんかったん？」

と聞いたら、

「ビックリさせようって思って」

と言われました。ホンマにホンマにビックリしました！　だから、最近は若いコたちに、

「生理がなくなったら老けるからな。ホルモンって大事やで」

って話してます。

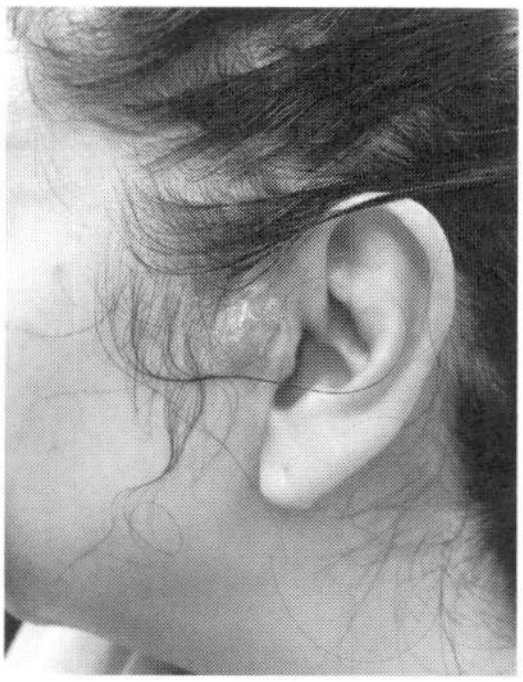

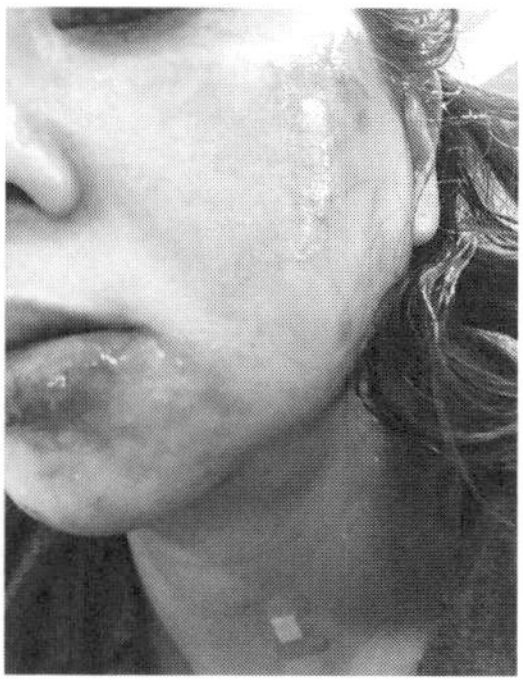

(上)帯状疱疹のとき。メイクでだいぶ隠
してたけど、ホンマはこんな状態でした。
(下)ネイルの完成ショット。変な石持た
されて撮るように……。

恋バナに沸くのは、20代も60代もいっしょ

若いころに「60歳」って聞いたら、めちゃくちゃおばあちゃん!!としか思わなかったけど、実際に自分が60になって、そんなことないなぁ〜、若い！って思います。私のまわりでも、みんなアラシス（アラウンド60）をめっちゃ謳歌してる！

ありがたいことに、中2からの親友Sちゃん、花屋のHちゃん、富田林のKちゃん、みんな今も仲よくしてます。Hちゃんの娘とKちゃんはゴルフを始めました。ゴルフ行くとき、おばちゃんばっかりやと連れていってくださる男性に申し訳ないから、Hちゃんの娘を連れていったりしてます。

「ひとり若いコ連れていくから、私ともうひとりはおばちゃんでもいい？」って（笑）。

そして、Hちゃんにはまた新しい恋が始まってます。

この前、知り合いのお誘いで、Hちゃんとバーベキュー&泉州の花火を見る会に行きました。うちら2人が年齢層高いから、20代の若い女のコも2人連れていきました。

で、次の日、仕事でそのコに会ったとき、こう言ってました。

「あんな近くで花火見れて、バーベキューもめちゃくちゃおいしかったです。あんなやわらかいお肉、初めて食べました！　人生でいちばんかも？というくらい豪華な食事でした。でも何よりおもしろかったんは、Hさんの恋愛話でした！　かわいすぎです～♡」

あんな大人が、あんな10代みたいな恋バナをするのが、たまらなかったらしいワ。

たしかにHちゃんの恋の話はホンマかわいい♡　「デートできない日のごはんの写真もLINEで送ってほしい」って彼にお願いしたんやって～。それくらいキュンキュンやからね。おもしろいんか、かわいらしいんか、気持ち悪いんかわからんけど（笑）、恋愛話に沸くのは、20代の若いコも、60代もいっしょです。

はたまたある友だちは、53歳のときに24歳の男性と結婚しました。

「息子と同い年やん！」

って突っ込んだ人もいたし、

「籍入れたら、全部お金とられるで！」

って私も言ったけど、

「何言ってんの〜？　一生いっしょやのに〜」

と全然響いてなかったです。


彼女はそれはそれは幸せな時間を過ごしてました。２人でいるときは、自分の顔は見えなくて、素敵な彼だけが見えてるからね〜。いっしょにいると、24歳のときの自分に戻れるんだって！　喫茶店行っても
「パフェください♡」

とか言ってしまうらしいわ。服買ってあげてもなんでも似合うし、なんでも喜ぶし、

「おじさんがホステスに物買うのわかるわ〜」

と納得してました。


その後、彼女は離婚してしまってんけど、今度は同い年の彼氏を見つけて、また楽しそうにしてますのでご心配なく〜♪

ほかにも、最後のひと花！という感じで彼氏ができそうでウキウキしてる人もいます。

私と旅行に行くときに、ちょっと気になる男性が空港まで送ってくれることになって、彼女は大喜び。ＬＩＮＥで、

「空港まで送ってくれるんやって♪　こんなん、彼氏みたいや～♡　嬉しい」

と、るんるん。

当日、たまたま私が早くついて、彼の車から彼女が降りるところを見たんだけど、トランクを下ろしたあとに、何度もジャンプしながら
「ばいばーい！」

ってその車を見送ってました。ほほえましく見てたら、彼の車が曲がった瞬間、彼女が膝をさすってるところを見てしまってん。

「見たか～（笑）」

とあとで言われたけど、恋の始まり♡って感じで、見てるだけでハッピーでした。

60歳、まだまだ若い！　人生で今日がいちばん若いんやもん。もっともっと楽しまなきゃね～。

わっか～いマネージャーの教育係♡

マネージャーのMは18歳でいきなりハイヒールにつきました。吉本が初めて高卒を採用したときでした。Mはハイヒールだけでなく、西川きよし師匠と坂田利夫師匠も担当で、ずいぶんあとに本人に聞いたら

「今だから言いますけど、この会社アホか！と思った」

らしいです。社会経験ゼロやから、ホンマに一から世の中のことを教えました。ずーっとハイヒールは若いマネージャーの教育係みたいになってます。

この間までついてたマネージャーFは、若いイケメンくん。すっごく感じのいい、好青年です。もちろん一からぜんぶ教えました。でも、うちの長男や次男たちとそんなに年齢が変わらないから、知らないことだらけなのは当たり前！　のし袋の書き方も知らんもんね～。だから、怒るというより、ひとつひとつ指導しました。

この前はちょっとトラブルがあって、注意しました。というのも、その日は朝に大阪で仕事があって、急いで新幹線に乗って東京に移動して打ち合わせでした。時間がギリギリやってんけど、新幹線を東京駅で降りたら、ちょうどロザンの宇治原くんに会って、

宇治原「どこ行くんですか〜」

モモコ「日テレやねんけど、ギリギリやねん〜」

宇治原「品川駅で降りたほうが早かったんちゃいますか？？」

と言われてハッと気づいてん。あとで調べてみたら、たしかに品川駅で降りたほうが日テレに10分早く着けることがわかりました。マネージャーに、

「ちゃんと調べたん？？」

と聞いたら、調べたけどわからなかったらしい……。結局、打ち合わせに少し遅刻してしまいました。このときは、さすがにFに言いました。

「寝坊で遅刻するのはしゃーない。何回もしたら怒るけど、1回は許す。死にたいと思うやろうけど、不可抗力やから、しゃーない。でも、時間や行き方の計算ミスで遅刻して、相手に迷惑かけるのはやめようね」

私は待ち合わせとかでも、できるだけ早く行くタイプ。特に現場や打ち合わせの場合

は、遅れていった時点で「すみませ〜ん」と入っていくから、すでに負けやねん。これはいちばんかわいがってくれてる社長さんに教えてもらいました。だから、私は遅れていくのはイヤです。ちなみに、めっちゃ律儀な西川きよし師匠は、仕事でも待ち合わせでもめちゃくちゃ早く行く人やから、こっちもきよし師匠より早く行かな！　きよし師匠より早く行かな！って加速して、今はとんでもなくめちゃくちゃ早い入り時間になってます(笑)。


そういえば、元フジテレビアナウンサーの内田恭子ちゃんのダンナさんは、むっかしハイヒールのマネージャーでした。なので、彼は当時よく私が連れて歩いてた長男の面倒を、すごくよく見てくれていました。恭子ちゃんに会ったとき、

「モモコさんちのおかげで、主人は子どもが生まれてすぐから、育児ができてすっごく助かりました。ありがとうございます！」

と言われました♪

歴代の男性マネージャーみんな、自然と子どもの相手ができるようになってたから、イクメンを育てるのにも貢献してま〜す。

モモコをよく知る
家族＆仲間に
ヒアリング

モモコ語録

②「経験」

12

今が青春〜♡

「今が〜」とモモコさんが言えば、関西の女性アナウンサーはみんな「青春〜♡」と叫びながら右の拳を高く上げます。（八塚彩美さん／元朝日放送アナウンサー）

13

今日が人生でいちばん若い！

14

ずっと家にいても、楽しいことやいいことなんて何もない！

15
女はきれいにしてるほうが得する

16
深い経験より、広い経験

17
常にワンピース1着は持っときや！

いつ、どこで、どんな出会いがあるかわからないので、服装がひどくて行けないということがないように、常にちゃんとした服を着るか持っておく。（A・Sさん／ヘアメイク）

18
おもしろそうなとこには近づいてみる

19
イヤなことは引きずらない！忙しさでごまかす

20
まだまだ知らん味がある。もっと好きな味があるはず

21
若返りは無理でも、老化に抵抗はできる！

22

みんなで食べるなら小さく切って！

小さく切ったらいろんなものをたくさん食べられるし、たくさんの人が食べることができると。（N・Sさん／読売テレビ『あさパラS』ディレクター）

23

やりたいと思ってやれてないの、アメリカ横断だけ

24

毎週1店、新しい店に行く！

25

好きなもんはいろんな人に言うとくと、届く

26

借金さえ残らんかったら、経験ができた分だけプラスやん！

私がアメリカでの飲食店出店で、死ぬほど苦労をして心身ともに落ち込んでいたとき、この苦しい経験さえプラスの経験に変えられる、と励まされました。（M・Oさん／ラーメン店店主）

映画『翔んで埼玉2』、責任重大すぎる〜！

映画『翔んで埼玉2』に出演させてもらいました〜。実はこの映画に出ることは、情報公開になるまで、だれにも言ってはダメだったんです。パパにだけは言ったけど、子どもたちにも内緒。

撮影のスケジュールをキープするのに、ちょうどEちゃんとの旅行がかぶってしまってて、

「ごめーん、どうしてもはずせない仕事が入ってしまってん」

とEちゃんに電話したら、

「なんの仕事なん？　どうしてもって……。」

どうしようか迷ったけど、Eちゃんは親友やし、旅行をキャンセルしてもらうから、「ぜったいだれにも言わんとって、内緒な〜。実は『翔んで埼玉2』に出演することになった」

と言ったら、

「え〜何？　埼玉で何の仕事〜？」

言うてました（笑）。Eちゃんは『翔んで埼玉』を知らなかったらしいです。言ったかいないワ！

撮影はホンマに、吐くほど緊張しました〜。映画を見てくれたらわかると思うんやけど、私は元大阪府知事の役。山梨の廃墟で撮影したんだけど、私の前に何百人ものエキストラのかたがいるというシーン。新型コロナ禍の終わりかけの時期で、撮影数日前にコロナの検査をしなきゃいけなくて、このときばかりは正直、ズルしたくなりました〜（笑）。私がもしも陽性やったら、撮影キャンセルになる！って思ったら怖くて怖くて。責任重大すぎる〜!!　現場に入ったら、お弁当５００個積んであったしな〜（笑）。

ふだんの漫才の仕事なら、もし万一穴あけたとしても、リンゴに迷惑かける、代わりの漫才師を探してもらう。申し訳ないけど、なんとかはなるとは思います。でも、映画はやっぱりスケールが違う！と実感しました。

後日、ホンモノの大阪府知事・吉村洋文さんと、元府知事の橋下徹さんに
「元大阪府知事の役で出るねん。大阪を都にしようとするねん」

と話したら、

「僕らといっしょですね！」

と笑ってました。


仲よしの片岡愛之助さんとの共演で、なんと私の息子役。

「いつもよくいっしょに仕事してるけど、まさか親子役とは！」

と話してました。あんまり歳離れてないのに、いったい何歳で産んでるんや〜！

『翔んで埼玉2』のエキストラの人が多すぎて、ホンマに緊張しました！

LINEの友だち登録は2500人以上！

友だちは多いほうです。気が合ったら、すぐにＬＩＮＥ交換します。ＬＩＮＥの友だち登録数は２５００人以上！　友だち、知り合いは多いほうがいいに決まってるやん〜。

この前、『上田と女が吠える夜』（日本テレビ系）に、友だち多いタレントとして出演させてもらいました。友だち多い話をトークしている間に、いつの間にかケチな話になるから、上田くんから

「また、モモコさん、ケチ自慢の話になってますよ」

とツッコまれました（笑）。

この番組で、初めて美容コンサルタントのかたにお会いしたんやけど、楽屋挨拶のときに、化粧品をプレゼントしてくれました。

「めっちゃ嬉しい！　ＬＩＮＥ教えて〜」

とすぐに言ったら、近くにいとうあさこがおって、

「これか〜、友だち多い秘訣！　現場見たぞ〜！」

と言われました。


そのときは、収録前で携帯をお互いに持ってなくて、収録後私はそのまま急いでテレビ局を出ないといけなかったから、「あぁ〜LINE交換できなかったなぁ」と思ってたら、マネージャーさんがわざわざ吉本に連絡くださって、すぐに「ごはん行きましょう」となりました。こんな感じで、すぐ友だちになります♡　もちろん、変な人ちゃうかな?と確認はするよん（笑）。


旅行に行ったときに、友だちや知り合いにお土産を買うのが好きで、喜ぶ顔が見たい＋笑いを意識してます。S.MOMOの店員やってくれてる芸人の茜チーフは、カバに似てるって私は勝手に思ってて、いっつもカバの何かを探してお土産にしてます。

「似てないです！」

っていつも怒られるけどね〜。カバのものが見つからなかったときは、カバの絵を描い

てあげてます(笑)。

話が飛んだけど、こんな感じで友だちが多いおかげで、なんとなんと先日、競走馬の名付け親にもなりました!!

知り合いのご夫婦が、馬主をしてはって、新しい馬を買うと聞いて、

「馬を買うところ、見てみたい!」

と、親友のエミちゃんと私で北海道のセリへいっしょに行かせてもらいました。

「ぜひ名付け親になってね」

と言ってもらえたので、奥さんとエミちゃん、私の3人で考えて、マミエミモモタローに決定! 奥さんの名前を入れるはずが、苗字のマミヤのほうがゴロがよかったので、マミヤ+エミちゃん+モモコです。

園田競馬でデビューして以来、なんと5連勝中。くれぐれも言っておきます。私の馬みたいに報道されてますが、私は名付け親になっただけで、1円も出してません(笑)。

園田競馬場のレースに出走！ もちろん単勝の馬券を買いました。

マツコちゃんが十数年ぶりに大阪にやってきた

マツコちゃんが大阪に来たのは、ホンマ十数年ぶり。『マツコ×モモコのすっっっごい大阪　仲良し2人のおまかせ旅』（毎日放送）はめっちゃ反響が高くて、世帯平均視聴率が14・2％。前の週の野球の侍ジャパンの強化試合より高かったらしいわ（笑）。みなさんありがとうございます！

マツコちゃんは、なかなか大阪に来ないってみんな知ってるから、「なんで、今回は来たん？」

とナジャ・グランディーバちゃんやミッツ・マングローブちゃんからわざわざ聞かれました。

マツコちゃんとは20年以上前からのおつき合い。マツコちゃんがテレビに出始めやったころ、私がたまたま見て、めっちゃおもしろい！と思ってん。この人の横に並んだら、私が細く見えそう！と、『おじょママ！F』（関西テレビ）に来てもらったのがきっかけ。

一方的に私はマツコちゃんが大好き。マツコちゃんも大阪に住んでたことがあるみたいで、うちのダンナのことも「男前でカッコいい～」と知っててくれたり、村上信五くんとお互いレギュラー番組を持っていたりで、共通の知り合いも多いのよね～。

『マツコ会議』（日本テレビ）で、「モモコねぇさんは、音楽プロデューサーの小林武史さんとも知り合いなのよね～」と紹介してくれて、小林さんの写真が映ったんだけど、そのとき初めてバラエティで小林さんの写真が使われたらしいです。ありがたや～。

マツコちゃんとはずっとごはん友だちで、よく東京まで私が行っててん。そのころあったJR東海ツアーズの日帰り割引の新幹線（なんと前日までに買ったら半額！）で行ってたから、いつも終電の時間ギリギリになって、あせって帰ってました。お土産を1000円引きで買えるクーポンがついてて、それやのにお店が閉まってて

「間に合わなかった！」

ってマツコちゃんに泣き顔の写真を送ったら、それがめちゃくちゃおもしろかったらしいワ～。

マツコちゃんは、私がそんなふうに東京によく行ってたから、

「私もたまには大阪に行かなきゃしょうがないじゃな～い」

と、今回のロケのタイミングで大阪に来てくれました。

ロケが終わった後日、『月曜から夜ふかし』（日本テレビ系）で村上くんに、

「モモコねぇさんの番組に行ってきたんだけど、すんごい大変だったわ。スーパー玉出で変なもの食べさせられたわよ。トミーズ健ともからんだわよ。骨の髄までしゃぶられたわ～。もう二度と行かないわ（笑）」

と言ってたらしいです。

道頓堀のグリコサイン前（右）やあべのハルカス近鉄本店のデパ地下へ。途中でトミーズ健が合流して「健ちゃんパウダー」を振りかけられ、「おもしろくなくなるから、塩まかないと！」とマツコちゃん。『よんチャンＴＶ』（毎日放送）にもサプライズ出演しました（下）。

ほんとはめっちゃ心配性

イヤなことがあっても、全部いいように考えます。これくらいで済んでよかったなって思うようにしてます。悩んでる時間が損！

実はこの前、ハワイでめっちゃ高価な大事なものをなくしてしまってん。もちろんショックやし、出てきてほしいって泣くほど思うけど、「大ケガするよりよかったな」って思うようにしてます。

友だちともよく話すんやけど、つらいことがあっても
「私らホンマ幸せなほうや〜。感謝しかないいね」
って。

「モモコさん、悩みないんですか？」

って聞かれることもあるんやけど、ほんとはめちゃくちゃありますす。心配性です。子どもたちのこともちろん心配やし。でも、「だいじょうぶ？」って心配されるのが、好きじゃないねん……。だから、しんどいときも「しんどい」とは言わない、「眠たいな～」って言います。

たとえばマネージャーに、

「あとで時間ありますか？　話があります」

とか言われると、なんの話？？ってめちゃくちゃ心配になります。だから、すぐに
「なんの話か言ってくれる？　今日1日気になってイヤやから」

とお願いします。

よくよく聞いたら今後のロケの話をするだけやったりするから、マネージャーには、できるだけ単刀直入に言ってほしい～って話してます。


人とせっかく話すなら、楽しい話がいいです。もちろん病気の話とか、つらい話もときどきはするけど、そればっかりやったら楽しくないやん？

後輩のコで、

「死にたいときがあるんです」

って冗談まじりに言うコがいるんやけど、そんなん言わんといてっていつも思います。

「また『死にたい』って言ったら、二度と会わへんで！」

と怒ってます。


自殺がいちばんアカン。子どもたちにもいつも話してます。「自殺したら地獄へ行くねんで～」って（笑）。自殺されたらまわりの人がホンマにつらい……。本人は楽になるかもしれへんけど、された家族や友だちはずっと悲しい、ずっと後悔することになるからね。

つらいことがあっても、いいこと、嬉しいこともいっぱいある！って考えるほうが人生楽しいから!!

アンタのパーティやのに、なんでうちらが大変やねん！

２０２３年は、他人ごとながら自分のことのように大変だったことがありまして……。プライベート相方と呼ばれてるエミちゃんのお店が、なんとなんと、開店33周年に！

まず、エミちゃんのことをちょっと書くね〜。

エミちゃんは、ご家族がみんな貿易の仕事をしていて、みんな英語ペラペラというご一家。エミちゃんだけが大学も違うし、英語もできへん、なんもできへん……という感じ。でも、お料理だけはすごくできるから、大学出てすぐに新地にレストラン「エミズキッチン」をオープンすることになったそうです。

最初はもちろん大変だったらしいけど、みなさんにかわいがってもらって、愛されるお店になり、私とは26年前、テレビの『ちちんぷいぷい』のお料理コーナーの先生として知り合いました。すっごく気が合って、そこからずっと仲よくさせてもらってます。

お店が33周年を迎えるにあたって、
「ずっと心配かけてきた父を安心させてあげたい」
ということで、パーティを開くことになりました～♪

これが、ホンマに超・超・大がかり!! ホテルの宴会場でお客さん330人の大パーティやってんけど、自分のパーティやのに、エミちゃんがホンマになんもやらないね～ん(笑)。

まず、会場となるホテル。下見で大阪中のホテルへ。エミちゃんは料理人やから、パーティでも自分の料理をふるまいたいねんけど、ほとんどのホテルは食材の持ち込みがNG。持ってきてもいいけれど、「ホテルの料理も出させてください」とか、「もし食中毒が出たら、どこの責任に?」とか、いろいろな問題があって……。

ありがたいことに、リーガロイヤルホテル大阪のUさま(長女の学校のイベントでお世話になったことがあって、すっごく印象がよかった人)が、

「わかりました！　うちでやりましょう」

と言ってくれて大感激。

私たちと家族みたいに仲よくしてる、構成作家のKさんを巻き込んで、内容をつめたんやけど、なんせ日にちが決まらん、時間も決まらん。招待状送っても、タレントさんや経営者さんたちは、みんな忙しいから、なかなか返事が戻ってこーへん……（涙）。

しょうがないから、ひとりずつ聞こう！ってなって、連絡してみたら、

「行きます」の連発で、きわきわになって人数増える増える！

それで、内容は？というと。

エミちゃんはお笑い番組とか全然見ない人やのに、なぜか吉本新喜劇だけはちっちゃいときから大好き♡

「吉本新喜劇に来てもらいたい～」

とのリクエストで、すっちーが好き、千葉公平くんと吉田裕が好きと言うから、なんと

かスケジュール合わせてもらって、来てもらうところまでこぎつけました。もう、交渉交渉の連続やったワ～！

ほんでもって当日。

パーティが始まって、いきなりの新喜劇（笑）。

エミズキッチンのお店そのまんまのセットを作ってもらって、「エミちゃん、シャンパン開けへん人には、口きかへんなぁ～」とか、エミちゃんの店に来た人だけがわかるネタで構成。

これも私がエミちゃんのお店ならではのネタを箇条書きにして、それを吉本新喜劇の作家さんに台本にしてもらって、新喜劇チームに覚えてもらって、特別&完全なオリジナルしてもらったよん♪

そのあと、エミちゃんの人生紹介&モモコとの出会いのスライド。

そして、エミちゃんが大好きな松田聖子ちゃんの歌を熱唱。これにはわけがあって、今回のパーティのお代金がなかなか高くて、

「松田聖子のディナーショーくらい高いな〜」

と言われたのが悔しくて、

「じゃぁ聖子ちゃんやろ！」

と、私がドレスをプレゼント。

前日にドレス着せてみたら、背中が汚すぎて（掻きまくって、血ふいて、粉ふいてました！）、背中を隠すためにかつらも貸しました。私を担当してくれてるプロのメイクさんに依頼して、もうひとりはボランティアで来てくれて、２人がかりでエミちゃんをメイク。

なんとなんと、仲よしの俳優・城田優くんからの歌のプレゼントあり、相川七瀬ちゃんが替え歌で

「夢見るエミちゃんじゃいられない」も歌ってくれました。

さらにさらに、ＥＴ-ＫＩＮＧさんが名曲「北新地」に、その日来てくれたお客さまの

お店の名前をいっぱい入れ込んで歌ってくれました。

実は実は、いろんなかたからのお祝いVTRもありました。

まず乾杯は、西川ヘレンさん。そしてお祝いメッセージのVTRのスタートは、ミスターチルドレンの桜井和寿さん♡　ほかにも、鈴木雅之さんや、片岡愛之助さん&藤原紀香さん夫妻、aikoちゃん、中島美嘉ちゃん、大泉洋さん。吉本メンバーも月亭八方師匠&八光くん、兵動大樹くんやロザンの2人、酒井藍ちゃんも！　紅白歌合戦ができそうなくらい、ホンマ豪華でした。

でも困ったことに、エミちゃん自身がみんなと仲よしやのに、なかなか自分でお願いができへんねん。

「私からは、言えへん」

って言うから、ほとんど私が出演依頼して、動画お願いして、めちゃくちゃ働きました～（汗）。

「あんたのパーティやのに、なんで私らがお願いするんよ！」ってツッコみまくったけど、おかげさまでみなさま快くご出席いただき、ほんとうにほんとうに素敵なパーティになりました。ホンマありがとう！

エミちゃんのために言っとくと、お料理だけはぜ〜んぶ、エミちゃんが作ってくれたよん♪　ぬくぬくで出すために、舞台監督がキッチンと会場のインカムを2つつけながら、進行を仕切ってくれて、３３０人分のお料理を完璧に出すことができました。司会が藤本景子ちゃん（関西テレビのアナウンサー）やったから、ホンマうまいこと時間調整してくれたと思うよん♪

出てきたおそばに生のわさびがついてたんやけど、それはおろした残りを持って帰ってＯＫ。ひとり1缶のキャビアが出て、それは持って帰ったらダメ。とアナウンスしてるのに、関西人はすごいワ〜。キャビアは持って帰るし、わさびはテーブルでひとりが代表しておろして、ほかの人は1本まるまる持って帰るというしっかりもんグループの集まりでした（笑）。

もともとはお代金が高い！と言われたパーティやったけど、帰り際には、

「豪華すぎて、安かったくらいやワ〜」

といろんなかたに言ってもらって、ほんとに泣けました〜。苦労したかいがあった‼

エミちゃんの人徳、私の人脈、お客さまの金脈のおかげと言われてます。


最後に、このパーティの仕込みや料理で、エミちゃんはめっちゃ痩せたのに、私は全然痩せなかったのが、何より腹が立ちました〜（笑）。でも、２０２３年いちばんの思い出になりました！

桃がもったいなくてジュースにした事件

ある朝、冷蔵庫にあった桃が傷みかけてたから、パパに「むいて〜」ゆーたのに、食べるの忘れてて、次の日の朝に急いでジュースにしようとしました。ジューサーに桃と牛乳を入れて、冷凍庫の氷を手ですくってざっと入れてスイッチオン。回り始めた瞬間、ジューサーが大爆発！　桃と氷とガラスの破片がすごい勢いで飛び散りました。

めっちゃ痛い！！！！！！と思ったら、私の足のすねに穴が開いてて、血が……!?!!もう怖くて、痛くて、そのへんビシャビシャで、ガラスか桃か、私の足の肉かわからん状態に……。パパに見せたら、「すぐ病院行かな」と言われました。私は怖くて見られなかったけど、すねから骨が見えてたらしいです。結局5針縫ってもらいました。

あとでわかったことやけど、大爆発の原因は、氷の中に1つだけストーンアイス（かたい石状の氷）が入ってて、それでジューサーのガラスが砕け散ったのでした。

病院での処置が終わって、麻酔でなんとか歩けるようになったから、11時には劇場で漫才やってました（笑）。仕事はできる限り休まないと決めてるねん。1回だけ、前に牡蠣にあたってお腹くだしたときと、出産前後だけ。長男の産後は、1週間で復帰しました。長女を産んだときは、帝王切開で日にちがわかってたから、ほぼ休みなし。収録番組は先に撮っておいたし、生番組を1回休んだだけかな？　次男をハワイで産んだときがいちばん長い休みで、それ以外は、休まずです！

桃ジュース事件をインスタにアップしたら、友だちやファンのかたから500通以上のお見舞いLINEやコメントをいただきました。ホンマ、みなさまご心配おかけしました！

ちなみに松本伊代ちゃんからは、

「モモちゃん、だいじょうぶ？　もぉ～、アイスストーンめ！　怒っちゃう」

とかわいいLINEが来たけど、小川菜摘ちゃんからは、

「腐った桃食うな！」

とLINEが届きました。それぞれやな～と思いました（笑）。みなさまあたたかいお言葉ありがとう～♪

長男にベニス（ベネチア）のことを教えてあげて

イタリア在住のベネチアングラスのアーティスト・土田康彦さんと、仲よくさせていただいています。

土田さんはとってもお上品なかたで、私の着物姿をテレビで見て、

土田さん「今日の帯のデザインが、本当にきれいで素敵です」

モモコ「私物なんです、最近買ったんです〜」

土田さん「さすがモモコさん〜、美意識が研ぎ澄まされてます。モモコさんのセンスが大好きです」

とＬＩＮＥしてくださるような、ホンマ素敵な紳士。個展があったらできる限り見に行かせてもらうことにしています。

長男が、卒業旅行でイタリアに行くことになったとき、

「長男が初めてそちらに行きます。ベニス（ベネチア）のことを何にも知らないんで、教

えてやってください、よろしくお願いします」

とＬＩＮＥしました。

そしたら私、「ベニス」を「ペニス」と打ち間違えてたらしくて、土田さんはビックリ仰天！　あまりに驚いて、どうしたらいいか知り合いに相談したらしいです。誤字のせいで、マジメな芸術家のかたを困らせてしまいました～（笑）。

その相談した相手のかたも、なかなか有名なかたで、私にどう話したらいいか困ったらしいワ～。みなさん、文字を打ち間違えてたときは、どうぞ遠慮なく本人に言ってください！　あまり下ネタを持っていない私ですが、これだけは下ネタです～♪

ちなみに、土田さんはうちの長男にガラス工房を見学させてくれて、お宅で手作りパスタもごちそうしてくれて、私がベネチアでいちばん行ってみたいお店「ハリーズ・バー」にも連れていってくれたらしいです。ほんとうに感謝、感謝です♡

モモコをよく知る家族＆仲間にヒアリング

モモコ語録

③「お金」

27

あんまり早くタクシー呼ぶな。終わりの時間、ぴったり計算できる人間に

28

タクシー乗るなら1人でも多く乗ろ

タクシーに少しでも広々と乗ってほしいので、２台用意していたら、「４人やったら１台で乗れるから経費浮くやろ?」と言われました。（S・Fさん／制作会社ディレクター）

29

タクシーの待機料金がもったいない！

30

アンタがいらんかったら、私がもらう！私がいらなくても、だれかがいるかもしれない

31

世の中にはおごりたい人もいる

32

容れもんも袋も、捨てれられへん！

モモコさんは食べ物の容器を捨てません。マーガリンの容器、弁当の容器、柿の葉寿司の葉まで 洗って再利用されます。SDGsの先駆け！（M・Hさん／構成作家）

33

伝線したパンストはとっておいて、伝線していない片方同士で左右になるようにして2枚重ねてはく

34

ファストフード店の容器を洗っておいて、家でその容器で食べたらお店気分♡

35

常に単価を計算！

どちらか迷ったときに必ず単価を計算して、単価の安いほうを買う。（コニタン／シッター）

36

ケチじゃない！損したくないだけ

Part 2

モモコ一家、
大人になっても、
てんやわんや♪

仲よしで嬉しいけど、お金かかるねん（涙）

長男28歳、次男25歳、長女は21歳になりました。大きくなると、どんどん生活がバラバラになっていくよね、当たり前のことやけど。

それでも、相変わらず3人仲よしです。きょうだいげんかはしますよ〜。長男VS長女、次男VS長女が多いかな〜。全員、口が立つからな〜（笑）。

そして嬉しいことに、うちの子たちは3人とも、ちっちゃい子が大好き。昔、よく家で、持ちよりごはんパーティを連日のようにやってて、ちっちゃい弟くんや妹ちゃんを連れてくることもしょっちゅうあったから、慣れてるねん。おむつも替えられるし、ミルクもOK。きっと将来、こんなことも役に立つよね〜。

長男は仕事のかねあいで東京に住むようになり、次男も去年アメリカへ。

それぞれ関西に帰ってきてても、友だち優先でうちらとゆっくり会えないこともあるけど、時間が空いたらいっしょにごはん食べに行ったりしてます。3人とも基本、私の知り合いが大好き。ちっちゃいときから連れていってたし、みんなも子どもたちのことをよく知ってくれてるからかなと思います。

最近も長男が1週間帰ってきたんやけど、

「俺がいる間にいっしょに行ってもいい外食ある？」

って聞かれました。嬉しいことだよね〜。けど、いっしょに来たらその分、お金高くなるから困るんやけどな〜（笑）。


子どもたちとの「距離感」は、ほんとうに大事やなって思います。よく、

「もう大人やのに、よく息子たちついて来てくれるね〜」

と言われます。これは友だちとも話してたんだけど、いかにそれをずーーっと続けてるかやと思います。家族旅行とか今までしてないのに、突然行く！ってなるとお互いに照れるやん？　でも、ふだんから
「ミスドのあれが食べたいから行かへん？」

とか、

「旅行するけど、いっしょに行く？」

とか、2人の時間を普通に作ってたのがよかったのかなと思います。

特に男の子の場合は、ママと2人が「こっぱずかしい」という隙を与えへんのがコツかな〜。まわりでも、サッカーの送迎をずっとしてたとか、イヤがっても2人の時間を作ってた人は、息子が今もついてきてるかな。私はどっちかっていうと、いつまでついてくるんやろう？って思ってるんだけどね（笑）。

買い物とかも、小さいころから連れていってたよん。ハワイではスーパーのおっきなカートに乗せて遊ばせながら買い物したり、少し大きくなってからは、ゲームのあるところでパパと待たせたり。親の用事につき合わせることも大事。そうしてたおかげか、今も息子と娘はお買い物が大好き！　行こ、行こ！と誘われます。財布と思ってるん〜!?と思うけど、泣く泣くいっしょに行きます。

子どもたちそれぞれ、SNSをやってると思うねんけど、親あるあるでブロックされてて見せてもらえません（笑）。もちろん裏アカウントもあるんやろうね～。私は正直、日々自分のことで精いっぱいやから、なかなか子どものSNSをチェックすることはないんだけど、ありがたいことにママ友とかが、「こんなのアップしてたよ」と教えてくれたりして、「へぇ～」と思うことが多いです。

久しぶりに子どもたちが家に帰ってきたら、パパが一生懸命ごはん作ってくれます。よくほかの家でも、急におかずが増える！って言うけど、うちもそうかな～。

でも節約＆マジメな長男は、せっかく実家に帰ってきてるのに、

「冷蔵庫の中の賞味期限切れてるやつから食べといたで～」

と言ってました（笑）。ホンマ不憫なコです。

ちなみに、私はママになっても働くの大賛成派やから、子どもたちと過ごす時間は、普通のママと比べたら少なかったかもしれません。

次男が小さいころのことやけど、1回だけ

「ママに家にもっといてほしい」

と言われたことがありました。でも、

「そしたら、家売って引っ越しせなあかんし、学校は転校。外食もできません、好きなものも買えません」

と言ったら、

「わかった、わかった。もう仕事行ってきて！」

と言ってくれました（笑）。


もちろん「専業主婦でずっと子どもを見守りたい！」という人もおると思うし、それも素晴らしいと思うけど、おかんが家にいつもいる、長い時間子どもといっしょにいる、ということだけが愛情じゃないと思ってるねん。

いっしょにいるときはめっちゃ話すし、楽しいこともいっぱいする。あと、なるべく朝ごはんだけは顔見て食べるとか、お弁当はがんばって作るとか、できることはするようにしてるよ〜。以前、長女に作ったキャラ弁がぶさいくすぎて「笑弁」と言われてたけどね〜！（巻頭のカラーページも見てね〜）

(上)海外のスーパーでは、子どもたちを巨大カートに乗せてショッピング。(下)最近行った次男&長女とのごはんタイム。

経験が大事！　ニュージーランドのワイナリーへ

長男は資格マニアで、車と船舶の免許を持ってて、タイ古式マッサージ、ガス溶接とか、まだまだある！　パンシェルジュというおしゃれな資格も取りました。

資格を取るにはコツがあって、試験の日程を先に調べて、受けられるかを確認。そこから計算して、それまでに勉強できそうか考えてから受けてます。

長男は、もともと親の言うことをなんでも聞くタイプ。そんな長男が唯一イヤがったんが、私が募集の紙を見つけて、

「ウィーン少年合唱団行き〜」

って言ったとき、

「なんのために？？」

と返されました（笑）。

長男が大学生のころ、学生の春休みって長いやん？　ぼーっと寝てるのは時間が長くてもったいないなかったから、

「この3日以内に10万円以内の飛行機探して、私の知り合いのKさんがやってるニュージーランドのワイナリーに行け！」

と言いました。

「俺、人生でワイン3杯しか飲んだことないのに～？」

って困ってたけど、そこは素直に親の言うことを聞くタイプの長男（笑）。ニュージーランドへと旅立ったのでした。


Kさんはもともと私のごはん友だち。奥さまにお会いする機会があってんけど、これがまためっちゃくちゃ素敵なかたやねん。たまたま目の不自由なかたに、まわりの状況がわかるように説明してはったんやけど、その説明がホンマていねいで親切♡　私が「言ってあげたいな～」と思うことを、全部説明してたから、すっごく嬉しくなって、こんなご夫婦の下で長男を働かせたい！と思ったわけです。

そのニュージーランドのワイナリーには、世界中からお客さんが来ると聞いてたから、「お給料はいらないから、長男をしばらく働かせてください！」とお願いしました。人生経験として、長男に行ってほしかったからね。

最初のうち、長男はずっとワインの樽を洗うだけの日々でした。「俺、なんでこんなところ来たんやろ？」と思ってたら、しばらくして世界中からみんな集まってきて、ごはん会やワインのブラインドテイスティングがあって、長男はすっかりワイン通に！　帰国したら、ワイングラスまわしながら、うんちく語ってて驚きました（笑）。

こんな感じで、Kさんご夫妻のおかげで、長男はホンマに貴重な体験をさせてもらいました。

そんな長男ですが、無事に大学を卒業して就職。ところが、コロナ禍でリモートオンリーだったこともあって、数年前に転職しました。

　またまた私のメシ友で、これまたすっごく魅力的なNさんというかたがいて、「ぜひこの人の下で働いてほしい」と思いました。ワイナリーのときと同じように、「お金はいらないからうちの長男をぜひ働かせてほしい、インターンさせて〜」と軽いノリで頼んだんです。そのときはもちろん「はい、わかりました！」と言ってくださったんですが、あとから聞いたら、実はNさんは、「エー!?　なんで〜？　どうしよ？」と思ったらしいです(笑)。でもありがたいことにこのインターンがきっかけでご縁をいただいて、このたび就職させてもらうことができました。秘書をやらせてもらってます。

　Nさんの生き方がすっごくおもしろくて素敵やな〜と思ってます。大手企業に就職したのち、独立して飲食関係の仕事を始めたんだそうです。ちょうど友人もいろんなブランドやお仕事に転職していて、そのつながりでうまくコラボしたことなどが大当たりして、世界の有名なお店をいくつも日本に招いたかたです。東京の若手のリーダー的存在と言ってもいいかなと思います。

　うちの長男はわが子ながら、めちゃくちゃ気が利くタイプ。強烈に気が利くヘアメイクのSの仕事を小さいころから見てきて、そのスピリットが埋め込まれてるからかな（笑）。たとえば、暑いときは車に先に戻ってクーラーをつけておいてくれたり、私がクーラー強にしてほかの人が寒くなったとき用にブランケットを積んでくれてたり。お店でも、何も言わんでもサッとお水配るし、ホンマよう気がつくねん。

本人は、

「おかんやから、次に何をしたいかわかるだけやで」

と言っていたけど、ホリエモン（堀江貴文）さんをはじめ、いろんな人から

「マネージャーにならない？」

と誘われてたくらいです（笑）。

人のお世話をする仕事が向いてるな〜と思ってたから、秘書という仕事はぴったりで、ホンマありがたいなって思います。

うちの長男はホンマNさんのことを尊敬していて、「毎日ボスに会えてうれしい」と言

うくらいやから、ほんと、ご縁に感謝です♡

仕事上、Nさんといっしょに飲食店に行くことが多い長男。私といっしょでごはん残すのはもったいなくてイヤやから、残り物を全部食べてるらしく、すっかり太っております(笑)。

長男の今の住まいは、私の東京事務所兼ということで、マンションを買いました。いろいろ考えた末、バレーボールの川合俊一さん方式に決めました。川合さんは高いマンションを買って7年ごとに買い替えてて、しかも買った値段より高く売れてるらしいねん。東京は家賃が高くてバカにならへんし、それなら思い切って分譲買うほうがお得かもしれへんと思いました。長男から、もちろん家賃はもらってるよん♪

ニュージーランドのワイナリーにて。マジメな長男、本気で働いてました！

ダントツで手がかかる次男！ 留学させたワケは？

次男が小6のとき「ギターをやりたい」と言いだして、私の本の担当をしてくれている主婦の友社のSさんたちにギターを買ってもらいました。中学に入って美術部に入り、油絵セットを買いました。そのあとテニス部に入って、ラケット買いました。いろいろやりたいみたいで、次にラグビー部に入りたいって言いだして、

「やめとき！ 絶対きついで～」

と何度も言いました。

「絶対やめへん」

と言い張るから、

「もしすぐやめたら、アメリカ留学させるからな！」

と約束。ラグビーのユニフォームからマウスピースまでぜ～んぶ買って、それが届いた日に、「やっぱりやめたい」って言いだしました（笑）。

ラグビー部の先生に相談に行ったりもしたけど、どうしても「やめたい」って言うから、

じゃぁアメリカ留学行かそう！となったわけです。

実はそれまでに、わが家では留学を何回か失敗してます。最初に長男が行ったのは、日本人ばかりのところで、安心ではあったけど日本人としかつるまへんから、全然英語が身につかなかったです。

ほかにもいろいろ経験した結果、今回の留学先は、

①日本人が少ない

②地元の子も通う学校

③寮がある

④けっこう細かく指導してくれる

という条件で探しました。そしたら、ぴったり合うのが1校しかなくて、ニューヨーク州の田舎のほうの学校に決定！　これがめっちゃ学費が高くて、500万円！　驚いたけど、しょうがないな……と決めたあとでわかってん、500万円はなんと前期分だけでした（泣）。

しかも、アメリカの大学は9月スタートやのに、すっかり忘れてて、すぐ行かせたいあ

まり、1月に行かせてしまってん。そのせいで、スキー授業も途中からやのにリフト券まるまる買わされたり、あっという間に春休みになって、スプリングターム代がまた別にかかるわで、お金ばっかりかかってしまったワ〜。

それやのに、次男が「歯が痛い」って言いだして、「保険ないから治療に50万円かかる」とわかりました。大勢の人に空港で見送られて留学した手前、「そーっとそーっと帰ってきィ」と一旦帰国させました（笑）。治療して、すぐアメリカへ戻ったけど、ホンマお金はいくらあっても足りません……。

あとからわかったことやけど、次男はハワイ生まれで、アメリカ国籍も持ってるから、働けるねん。日本料理店で1時間25ドルでバイトばっかりしてたらしいです。勉強しに行かせたのに〜!!（涙）

こんな感じで、ホンマお金はかかったけど、次男は留学させてよかったって思ってるよん♪　なぜって、この留学のときのルームメイトが全身タトゥーのトルコ人で、写真見たとき「どうしよう？」と思ったけど、すっごい勉強熱心！　そのおかげで、次男も勉強してくれるようになって英語ペラペラになったし、めちゃくちゃ高い学費払わされたけど、同じ寮の子が世界中のお金持ちばっかりやから、セレブな友だちがたくさんできました。それ以来、次男は格安航空券であちこちの国に行って、タダで友だちの家に泊めてもらってます。逆に、友だちが日本に来てくれたら、次男が全部アテンドしてま〜す。

もともと、次男をハワイで産んだとき、

「アメリカ国籍の子がおったら、ハワイの空港で入国するとき並ばなくていいやん！」

というくらいにしか思ってなかったけど、ホンマ想像以上に、グローバルな子に育ちました。

でも、だれにでもハグするから、

「それがイヤなコもおるし、セクハラにならないよう注意しいや〜」

と言うてます。おばさまがたは、

「若いコに抱かれるの久しぶりで、嬉しいワ〜」

って言ってくれるけどね！

次男・留学中のスナップ。

おかんは俺がやりたいこと、ぜんぶ反対する

子どもは3人ともかわいいけど、心配さでいったら、ダントツで次男です（笑）。次男はアメリカ国籍ありで、留学も経験したせいか、コミュ力がすごい。いろんな人とすぐ友だちになります。それはすっごくいいことだし、次男の人柄やと思うねん。けど、変な人にだまされないかだけが心配です……。

数年前に次男が、知り合いの人とバーをやりたいって言いだしたことがありました。次男いわく、「大阪で毎月絶対に飲む人がいるから、居ぬきで店をやったら、なんとかなるよ～」と言われたと。

よく考えもしないで、すぐやりたい！　おもしろそう！　ってなるから、ホンマ心配やわ。

あるとき次男が、

「おかんは俺がやりたいこと、ぜんぶ反対する」

って言っててんけど、そしたら長男が冷静に
「おまえが変なことばかりやりたがるからや」

とツッコんでました（笑）。


コロナ禍で人との接触がダメやったときも、気にせずどんどん出歩こうとするから困りました。次男がちょうどそのころたまたま骨折したから、出歩けなくなってホンマよかったです（笑）。神さま、アリガト～！


そんな次男が、２０２３年の６月から仕事でアメリカのラスベガスへ行くことになりました。それにあたって、

「薬は日本の飲みなれたもののほうがいいから、買ってもいいよ～」

と言いました。それとユニクロの黒のスーツも。仕事やお誘いで、必要になることがあるからね。

でも、次男は勝手にユニクロで新しいパンツとか靴下とか、タオルとかまで買って帰ってきてん。そんで、コニタンや長男には、

「おかんが買うように言ったから」

と話したらしい。けど、私がそんなん言うわけないやん？　パンツなんて山ほど家にあるから、それ持っていってはきつぶして捨ててきたらいいし。長男も

「おかんがそんなこと言うかな？」

と思ったらしいわ。

シャツの肩に跡がつくのがイヤで、特別なハンガーまで買っててビックリしたわ。次男は旅行気分なんかしらんけど、パックとかおしゃれな箱とかラグジュアリーなものばっかりトランクに入ってるねん（笑）。ホンマ、ちゃっかりしてる！

でも、私の友だちからは、

「次男が今どきの普通やで、長男が普通ちゃうねんで」

と言われてます。

ホンマに、長男と次男は小さいころから違うねんな〜。おこづかいをあげても、長男は考えすぎて使えないタイプ。次男はどんどん使ってなくなって、さらに「ちょうだい」というタイプやったな〜。ちなみに、長女は昔からちゃんと考えて貯めるんです、全然使わへん！

次男が仕事でラスベガスへ行ったので、長女と3泊の弾丸ツアーへ。マイナス5度のアイスバーに行ったり、最新アリーナ・スフィアでU2のライブを見て、大興奮 !!

ママがタレントだと大変。「So What（だから何）？」

長女は幼稚園から高校までずっと付属の私立に通ってたから、ママがハイヒール・モモコであることをすでにみんな知ってくれてました。
でも、大学は別の学校に行ったから、実は友だちにはまだ言ってません。今のところまだ、バレてないみたいです。

「お母さんのお仕事、何？」
と聞かれたら
「服屋さん」
と答えてます。実際、S．MOMOで服も売ってるからね～。

でも、あるとき大学のゼミで名札をつけなくちゃいけなかったらしく、漢字で本名を書いたら、ある年代以上のおばちゃんたちが速攻でわかったらしいわ！「この字は……もしかして」って。長女の名前の漢字は珍しいからね〜。

なぜ長女が私のことを内緒にしているかというと、以前にハイヒール・モモコがママとわかって、友だちの話し方がていねいに変わったらしいねん。だれが親とか関係なく普通に接してほしいと思ったみたいで、長女は私のことをとにかく隠してます。すでに知ってるコにも

「だれにも言わないでね〜」

と言ってるらしいワ〜。

長女はテレビに顔出ししたくない派で、ＹｏｕＴｕｂｅも声だけで登場してます。顔がバレるといろいろと大変な世の中ではあるから、彼女の気持ちももちろんわかるよね〜。

けど、この前ハワイで会った知人に

「なんでテレビ出ないの〜？　出たほうがいいよ〜！　ママを助けてあげたらいいじゃない（ぜんぶ英語）」と言われて、

「ママがタレントだとわかって、まわりに気をつかわせてしまったことがあるねん」

って長女が返したら、

「Ｓｏ Ｗｈａｔ（だから何）？」

と何度も言われてました。


長女は「Ｓｏ Ｗｈａｔ？」がすっごく印象に残ったみたいです。人に何言われようが気にしないっていう、アメリカっぽい考え方が新鮮だったみたいです。

テレビに出たい気持ちも、出たくない気持ちもわかるから、もちろん無理にさせることはしないけど、これから長女がどんな選択をするのか、どんな道を歩むのか、見守ろうと思ってます♪

「ママってこんなに英語しゃべれんかったん？」

長女は大学生で今もいっしょに住んでるけど、学校やバイトで忙しくしてるから、ゆっくり話せないことも増えてきました。

たとえば、今日は私が早朝からテレビの収録で、お昼に取材があったから、その間、一旦帰ってシャワー浴びようとしたら、ちょうど長女がお風呂入ろうとしてました。お互い時間がなかったから、ひさしぶりにいっしょにお風呂に入りました。

長女は気をつかっていろいろ話しかけてくれたけど、私は昨夜も遅かったから、眠くて眠くて……。しゃべる気力もなくて悪いことしたかな〜って思ってます。子どもはあっという間に育つというのはほんとで、長女が家にいる時間が貴重になってきたかな。

長女の大学受験が終わった記念に、２人で念願の韓国旅行もしました。友だちと行くか、長女と行くかで、めっちゃ迷ってたん。長女と行く楽しさもあるけど、そしたらお金をぜんぶ払わなあかんようになるやん？　どっち〜？？　これがホンマ、永遠のテーマです（笑）。

コロナ禍もあって娘のパスポートが切れてて、ギリギリで申請したりでバタバタしたけど、韓国で買い物&おいしいものをいっぱい食べられてホンマ楽しかったよん♪

でも、私が1泊4000円の窓のないせま〜いホテルを予約してたら、

「私、友だち同士やったら全然これでいいねん。でもママといっしょのときはもうちょっとマシなところ泊まりたい」

って言われました（笑）。

晴れてると思って、ホテルの下に降りたら雨が降ってて、

「ほらな〜、窓がないってこういうことやで！」

と怒られました。ごもっとも！

ちなみに韓国では、娘は私のことを本名にちゃんをつけて呼んでました。「ママ〜」っ

て呼ぶと、大阪からの旅行客からすぐに「モモちゃんの娘さん?」って聞かれるから(笑)。

長女とはハワイへも行ってきました。2人っきりは初めてです! 今までは家族いっしょだったり、友だち家族がいたりで、大人数で行くことが多かったからね〜。

現地にいる知り合いとごはんを食べに行ってんけど、いっしょに来るはずやった日本語しゃべれるコが来れなくなって、なんと英語しかしゃべれない人とうちら親子だけになってしまってん。どうにかこうにか手振りと単語で会話して楽しんだけど、あとで長女に「ママってこんなに英語しゃべれんかったん? 知らなかった!!」と言われました。今まではだれかが間に入ってしゃべってくれたり、日本語しゃべれる人がいたから気がつかなかったらしいワ〜。

長女「いっつも会話聞いて、ワッハッハって笑ってたけど、何聞いて笑ってたん??」
モモコ「わからんけど、笑っとってん」

と言ったら、衝撃受けてました。

今までのハワイ旅行では、私が子どもたちの面倒を見てたって感じやったけど、長女も大人になって、逆に私がお世話してもらってます。飛行機では

「イヤホンはここやで。日本語の映画はここで見られるよ。この映画、今人気やねん」

ってぜんぶ勝手にやってくれます。ホンマに助かります。

ハワイといえば、家族ぐるみでお世話になってる大好きなジェイミー！　今回も会ってごはんに行きました。ハワイに行ったらいつもジェイミーにレストランを決めてもらうんやけど、

「おいしいごはん屋さん、新しくどこかできた？」

って聞いても、

「できてないよ〜」

って、毎回ずっとおんなじ店にばっかり行ってました。

何十年もハワイ行ってて、なんで今ごろ気づいたんか自分でもショックやねんけど、よく考えたらジェイミーって、ごはんに全然興味がない人やってん（笑）。お店できてないわけないやん！

ここ何年か、ハワイにごはん大好きな友人ができて、試しにごはん屋さんを聞いてみたら、めちゃくちゃ新しいおしゃれなお店知ってて、ハワイが１００倍楽しくなりました！

ジェイミーに

「あんた、ごはん屋さんに興味なかったんやね～」

と言ったら

「そうよ～、私、お菓子も昔からあるチェルシーでいいの～」

と言ってました。もっと早く気づけばよかった‼

モモコをよく知る家族＆仲間にヒアリング

モモコ語録

④「人」

37

苦手はあっていいけど、嫌いにならない

38

いつまでもみんなの心に残りたい

39

邪魔くさいけど言わな伝わらんし、言わなまた同じ目に遭う

40
何回断られても、何回も誘う

41
いろんな人がおる、合わん人もおる

42
痛い言うても治らんから、おもしろいこと話して喜んでもらう

43
だれかに会うときは少しでも手土産

44
だれにでも挨拶。どこでだれとつながるかわからへん

担当したての右も左もわからないころ、「あんたがハイヒールの担当を離れて別の担当になったときに、また今日と同じところに来るかもしれない。そのときに、以前お世話になったことを話して、新たに担当した芸人を紹介することができるやろ。狭い世の中、どこでだれとつながるかわからんから……」と。（S・Mさん／元マネージャー）

45
みんな、それぞれ自分の得意なことでがんばって助け合えばいい。私は楽しくしゃべるのが得意！

46

失敗作が私のでよかった!

高価な着物が裁断されてしまって届いたとき、言った言葉。超節約家のモモちゃんはショックだったはずなのに、怒らず、こう言っていて感動しました。80歳過ぎの仕立てのかたへの思いやりかと。(H・Mさん/18歳からの親友)

47

みんな機嫌よくしてほしい。もめるくらいなら私がまず折れる

48

ええもんは広める

49

名刺、常にたくさん持っとかな!

パーティなんて、知らん人が来るのが当たり前! 自分のポジションやレベルなんか関係なく、名刺交換したら全員知り合い! つながりができる! 自分がどうあれ、可能性を広げる種まきにはなる! 社長さんが参加するパーティは、ある限りの名刺配らな損!との教え。(T・Hさん/元マネージャー)

50

使えるコネや縁は使わな損! でも、コネや縁を使わせてもらえるように尽くす

長女は交渉力でガッチリ!!

わが家では、長男と次男は高校からバイトさせてて、学費、食費、美容院、それと資格とること以外は、お金を渡さずに自分でやりくりさせてました〜。

長女は高校生のころ、今日何するか私に話して、それにあわせておこづかいを渡すようにしてました。尊敬するんは、長女が交渉じょうずやってこと。

たとえば、

長女「友だちとスタバ行きたいから○○円欲しい」

モモコ「××なら100円でコーヒー飲めるやん?」

長女「××は安いけど、ガラ悪い人がときどきいるねん。でも、スタバは静かで勉強がめっちゃしやすいから、スタバ行っていい〜?」

みたいな感じ。

長女はホンマしっかり者、そして強い！　めっちゃ口が立つし、しかもそれが正論。たとえもわかりやすいし、言い回しもうまいから、大人と対等な感じやねんけど、私たちの中ではいつまでも、〝ちっちゃい長女〟やから、思わずエッ？と思うこともあります。

友だちには優しく言うと思うけど、家族には言いたいこと言うから、こっちがイラッとすることもあるねんな〜。私も家族だから言いすぎちゃうこともあるし、「何よ！」と思うこともあります。そしたら言わなくていいことも言っちゃうから、そこは気を付けてます。私がいないときに、コニタンと言い合いにならないかだけが心配〜（笑）。ちなみに、お兄ちゃん２人は長女と言い合いになったら、最終的に「うるさい、アホ！」で終わります（笑）。

長女が20歳になるまでは、夜遅くなるときは必ずだれといるのか、何時に帰るのか、どんな理由なのか、ちゃんと私に言うようにしてました。でも20歳を超えてからは何も聞かないようになって、そのかわり自分でお金のことも責任持ってやるように、と言うてます。

でも、

「終電に乗り遅れたら、自分のお金がこんなに減るんやで。タクシー代6000円かかったら、時給1064円として6時間働かなあかんねんで」

と話してます。長女は私よりケチやから、今のところ必ずちゃんと帰ってきてるかな～。

この前、

「美容院とまつ毛パーマ代も自分で払いなさいよ」

と言ったら、

「なんで～！！！！」

とめっちゃ怒ってたけどね。


もちろん外でバイトもしてるよん。私のYouTubeのサムネ選びもやってくれてるねんけど、

「ホンマやったらバイト行ける時間に、私、この作業してるやん？　それやのにお金もら

ってないのはおかしい」

と、これまた、長女の交渉術！

この前は長女が、女のコ4人で東京ディズニーランドに行きました。お金については、レシートを持って帰らせて、あとで精算することにしてます。

モモコ「このチュロスはおやつやから、自分で払ってな〜」

長女「いいけど、水分補給は必要なことだから、水の130円はママ払って〜」

モモコ「ピンクのカチューシャは自分で欲しくて買ったんやから、自分で払ってな〜」

長女「でもみんなが買うのに、私だけ買わないとは言えないやん？」

と、1個1個、交渉（笑）。

お酒代金はもちろん長女本人のお金。でもごはん代は、私が仕事で遅くて作れなかったときは払います。コスメは本人、でもママが着てほしそうな服とか、ちょっとしたイベントや冠婚葬祭で着られそうな白シャツはママが払うとか、毎回プレゼンさせて決めてます。

邪魔くさいけどレシートを見ながら話すと、この日だれとどこに行ったかがわかるし、いつお会計したかもわかるよね。そして、それがきっかけで娘と会話ができるから、意外とおすすめだよん。問い詰める感じじゃなく、自然に娘のことが聞けるからね。

いつも思うけど、金銭感覚が似てる友だちってホンマに大事。私の場合は、昔からの親友やプライベート相方のエミちゃんとも、金銭感覚がいっしょなのがほんとうにありがたいなって思います。

このことは、子どもたちにも話してます。昨日も延々、長女とお金の話をしてました。お金のことを気にしないで、高いお店、高いプレゼントを選ぶ人もいるからね〜。そういうとき、「高いから行けない」と長女は言いづらいらしいです。「ママが厳しいからって言えば？」とか、安いお店を自分で探して予約しろとか、いろいろアドバイスしてます。お金が大事っていう感覚を、しっかり持っていてほしいからね。

長女と行ったハワイ＆韓国。長女が写真をバンバン撮ってくれるから、素っぽいのとか、今っぽいのとか、いっぱいあるねん(^▽^)/

男子校、共学、女子校あるある⁉

少し前のことやけど、子どもたちの学校のこと、ここでまとめて書くね〜。
中学&高校は3人それぞれで、長男は男子校、次男は共学、長女は女子校でした。大学もそれぞれ違うけど、3人とも
「自分の子にも同じ学校行かせたい！」
と言ってるから、それはホンマに嬉しいことやなって思ってます。

長男は高校時代、「俳句部」に入ってました。俳句部の顧問をしていた大好きな国語の先生に、「入って」と言われて入りました。俳句甲子園に行くくらいがんばりました。そのおかげか、内部推薦で大学へ行くことができました。ホンマよぉでけた息子です。

何するにも手がかかるタイプの次男は、実は浪人してました〜。
「東京の大学に行きたい！」

と言って、東京の予備校へ1年間通ってました。

長女は、高校で自分が行きたい大学のコースを選んで、コツコツ勉強。でも、要領が悪くて、勉強にいちばん時間がかかるタイプやねん。次男やったら1時間で終わることが、何時間もかかる。だから高校のときなんか、ほぼ思い出ないんちゃう?と思うくらい、勉強してました。要領悪い分、勉強が遅れがちで、コースの中でいっつもギリギリの成績やったからな~。でも、なんとか希望の大学に合格！　コツコツ型は大学になった今も続いていて、レポートの提出とかをキッチリやるから、今は成績いいよん♪

子どもたちの学校の行事は、行きたくても仕事で行けないことが多かったから、行けるときは全部行ってました。

長男の男子校で、あるかたの講演会があって、その日はちょうどスケジュールが空いてたから、行ってみました。講堂に男子高校生が何百人も集まるだけでもすごかったけど、寝てるコの頭を先生がふっつーにノートで叩いてて、めっちゃ驚いたワ（笑）。さすがの私も、今まで男子校に入ったことはなかったからね~。

次男は共学やったけど、青春ドラマって感じ。朝から女の子も男の子も寝グセ直して、おしゃれしてて、異性がいるってこういうことなんやな〜って思いました。長女は女子校あるあるで、夏の暑い日にウチワないなぁとなっても、スカートでパタパタあおいでたり、全然まわりの目を気にしない感じ。長男と長女は6年間、男ばっかり、女ばっかりしか見て過ごしてへんから、大学でだいじょうぶかな?と思ったけど、異性のきょうだいがいるし、その友だちが遊びに来たりしてて慣れっこだったせいか、意外とだいじょうぶでした。

私立の学校で、おもろいなぁ〜って思ったのは、長男が通ってた私立の中学校は、なかなかのおぼっちゃん学校だったせいもあって、同じクラスに魔法瓶のAとBのメーカーの息子がいてました。だから、スープジャーと水筒は同じメーカーではなく、AとBのメーカーのを使う、という〝忖度〟を中学生にして覚えました（笑）。

あと、だれかがちょっとした失敗したら、「きみ、就職先なかったら俺んとこおいでよ〜」と言い合ってたらしいです。冗談やけどね〜（笑）。

子どもたちの恋バナには興味なし

子どもたちの恋愛のことやけど、私は全然興味ないねん（笑）。話したいことは話してくれていいけど、こっちからいろいろ聞くことはあんまりないかな。

今まで彼女に会ったこともあります。でも、若いうちはつき合ったり別れたりやからね〜。こんなん言ったら悪いけど、邪魔くさいねん（笑）。
「めちゃくちゃ長くつき合ってから、ママに会わせてくれたらいいから」
って言ってあります。

長男は長いことつき合うタイプ、次男はコロコロ変わってるかな。長女に彼氏はできへんとパパは思ってて、40歳くらいまでは結婚せんでいいって言ってます。

子どもたちには、

「相手や相手の親御さんを悲しませないこと。相手と自分を大事にすること。それ以外は、自由にしていいよ」

と話してます。

それと、

「悲しいけれど、人は裏切ることもあるねんで〜」

と言うてます。泥酔してるときの写真とか、裸の写真とか、ＳＮＳとかにアップされる可能性だってあるし、

「これは合法のクスリや」

って言われて飲んだら、違法やったってこともあるかもしれへん。世の中いい人が多いけど、悪い人もいるってこと、知っておいてほしいなって思います。

でも、そんな恐ろしい話ばっかりしてるから、子どもたちからは

「おかんと話してたら、人間不信になるわ！」

と言われました（笑）。

ちなみに、長女には
「男子には、必ずおごってもらえ！」
と言ってます。もちろん長男・次男には
「女子にはおごれ」
と言ってます。彼・彼女じゃなくて、友だちでもね～。
今の若いコはもっぱら男女でもワリカンらしいけど、男子が女子におごってくれたら嬉しいって私は思ってます（笑）。

モモコをよく知る家族&仲間にヒアリング

モモコ語録

⑤「こ・だ・わ・り」

51

後輩は当日誘う

断りやすい状況を作っているとのこと。（S・Fさん／制作会社ディレクター）

52

80キロカロリーのアイスより、普通のアイス3分の1食べたい

53

二世、何が悪いかわからへん！

54

どんなお金持ちでも、人間は何かして働いたほうがいいと思う

ラジオでもご自身「高校中退やねん」とおっしゃっていますが、哲人の如く真理を悟っておられるのがスゴイです。（亀井希生さん／毎日放送アナウンサー）

55

家の電話とったらいいことない

56

たこ焼きはひと口でいったらあかん！

テレビのロケでたこ焼きを食べるシーンがあり、ダイナミックにひと口で食べようとしたら、めちゃくちゃ大きな声で、言われました。モモコさんが若手時代のロケ中に、ポーンッ！とぜんぶたこ焼きを口から出したことがあるらしい。その恐怖体験からか、たこ焼きをひと口で食べようとするリポーターに異常に反応する。断面に切れ目を入れて、熱をぬいておくように教えられた。（大吉洋平さん／毎日放送アナウンサー）

57

クーラーは18度

58

なんでも「ひろたの万能だし」入れたらいい

59

レールは敷いてあげたらいい。それに乗るかは子どもの自由

60

お笑いやから笑わせなあかん

足の骨を折ったとき、コマのついたイスに乗ってスタジオをスイスイ行き来され、松葉杖はシャネルのマークやキラキラをつけてゴージャスに！なんの不自由も感じさせず、いつも明るくみなさんを笑わせてる姿は、プロに徹していると思いました。（Y・Iさん／スタイリスト）

お酒はハタチになってから♡

私がこういう仕事ということもあって、子どもたちは、「お酒はハタチになるまで飲まない！」というルールを守ってくれてました（当たり前か　笑！）。

長男がハタチになる誕生日に、

「おかんとおとんと、３人だけで飲みに行きたい」

と言ってくれました。

私は、

「せっかくやし、友だちとどんちゃん騒ぎしたら？」

と言ったけど、その横でパパが長男の親孝行な言葉に号泣してました（笑）。

それで、いつもよく行く近所のレストラン「Ｇｅｎ・ｊ・ｉ」を予約。お店の人も長男がおなかの中にいるころから知ってるから、めちゃくちゃ喜んでくれました。

長男は、

「最初に何飲もう？」

ってめちゃくちゃ迷っていたけど、名前が入ってるジントニックを選んだから、

「なんでやねん！」

って思わずツッコんだわ。

初のお酒の感想は
「お酒ってこんな感じなんや〜」

でした！


そのあと、大好きな心斎橋の「ベティのマヨネーズ」や新地の「エミズキッチン」をはしご。みんながめっちゃお祝いしてくれて、長男にとっても私にとっても一生の思い出になりました。


そして、４年後！　次男もハタチになりました。

「俺も、兄ちゃんと同じとこ行きたい」

と言ったけど、同じところは無理やってん。なぜなら次男の誕生日は祝日で、新地の店はぜんぶお休み！

別のお店へ行くことにしたんやけど、そのお店で

「最初、何飲む？」

って聞いたら、次男は

「とりあえずビール！」

って言ったから、みんなでずっこけたワ〜。

「アンタ飲んだことあるやろ〜（笑）」

「飲んだことない、ない」

って言ってたけど、あれは怪しかったです。

（上）長男のハタチ。（下）次男のハタチ。

長女が指名したお酒はSマークのあれ

今までホンマにホンマに、お酒を飲んだことがなかった長女。ウィスキーボンボンも食べへんし、料理でお酒がちょっとでも入ってるとわかったら食べない。前に流しそうめんに私がちょっとだけビールをこぼしてしまったことがあって、そのときも私は

「だいじょうぶ！　水流れてるし、食べ～」

と言ったけど、

「初めて飲むお酒が、流しそうめんに入ったビールやったら悲しすぎる」

と言って、そうめんをわざわざ洗って食べました。それくらいハタチのお酒を楽しみにしていました（長女は記念日をたいせつにする派♡）。

そして長女もついにハタチに！　1軒目は長男と同じ「Ｇｅｎ・ｊｉ」で。友だちがお店に先に行って、めっちゃ素敵に飾りつけしてくれました。長女はわが家初の女子やから、なんでもピンク、赤、ピンク、赤でラブリーに育てたつもりやったけど、結局、白、黒、

シルバーが大好きな女のコに育ってしまったから、友だちがその3色でシックに飾りつけしてくれました。

初めてのお酒は、Ｇｅｎ・ｊｉさんがプレゼントしてくれた白ワイン。感想は……

「みんなこの味をおいしいって言ってたん？？」

思っていたのと違うかったみたいです。今も梅酒のソーダ割りがいちばん好きやから、もともと甘いのが好きなんやね～。

そして、2軒目は私も大好きな「エミズキッチン」へ。かわいく映え映えに飾りつけしてくれて、本人もめちゃくちゃ喜んでました。

そもそも、ハタチの誕生日に初めてお酒を飲むにあたって、何を飲もうかって相談してたときに、長女は

「シャンパンがいい！」

と言いました。泡流行りやし、女のコは見た目もきれいで大好き♡　何の銘柄がいいか

な？と聞いたら、長女が
「サロン！」

とひと言！

それってシャンパンの王様と言われるくらい、めちゃくちゃ高いシャンパンやねん。

「なんでそんなの知ってるん？」

と聞いたら、エミズキッチンでだれかが
「サロン、お願いしま〜す」

って言ったら、お店の人がめちゃくちゃ喜ぶから、すっごいおいしいんやと思ったんやって。しかも長女の名前のイニシャル「S」がラベルに入ってるから、それで絶対に初めてのシャンパンはサロンがいいと思ったたって。値段が高いことはわかってなかったらしいワ〜（涙）。


結局、家族ぐるみでお世話になってるMさまのお支払いで、私の親友エミちゃんが長女の生まれ年・2002年のオーパス・ワンとサロンを探してくれて、みんなでありがたくおいしくいただきました。このときのワインとシャンパンのボトルは、もちろん家に持っ

て帰って、飾ってま〜す♪

そして今は、家族5人で堂々と飲みに行ってます。この前、東京で焼き肉に行ったとき、長女が

「まずビール！」

と言ったら、次男が

「女のコがいきなりビール！って言ったらあかん。かわいく梅サワーを飲みなさい」

と言ってたワ（笑）。妹がかわいい女のコになるよう、兄2人が仕込んでました〜。

ちなみに、子どものハタチの誕生日のために、生まれ年のワインを買っておく人が多いと思うんやけど、実は私は長男を産んだときは1滴もお酒を飲めなかってん（次男を産んだ35歳から飲めるようになりました）。なので、お酒のよさなんてちんぷんかんぷん!!

たまたま行った動物園のお土産屋さんで売ってた、1030円のワインを買って用意してました。

それにあわせて次男と長女にも、1050円（消費税が増えてます）のを買いました。

長男がハタチになったとき、そのワインを出したら、パパに
「絶対に腐ってるからやめとき！」
と言われました（笑）。

あわてて20年前のワインを買うはめになったんやけど、子どもがハタチになってから、生まれ年のワインを買うとめちゃくちゃ高いねん（涙）。

だから、子どもが生まれた人には、
「一刻も早く、今、ワインを買っておいたほうがいいよ～」
って話してます。「高いなぁ～」と思っても、20年後には絶対にもっともっと高くなってるから！

生まれ年のワインは、2本買っておくのがおすすめ。たとえば5万円のワインを2本買ったら10万円。でもそれが子どもがハタチになるころには、1本10万円になってると思う

から、1本は家族で飲んで、1本は売ったら元がとれるからね～（笑）。

こういうイベントごとは大好きで、ハタチの記念に、それぞれ着物やスーツで写真館で撮影もしたよん。

写真館では、毎年1回必ず家族写真を撮ってるから、

「写真館や旅行先で、ちゃんと写真撮っててえらいですね～」

とよく言われるんやけど、将来もしももしも、うちの子たちが家柄のすばらしいかたと結婚したとき、向こうは素敵な写真がたくさんあるのに、こっちはちゃぶ台でごはん食べてる写真しかなかったら寂しいやん（笑）。

そう思って、できるだけ〝豪華そうな〟写真を撮るようにしてます。泊まってないホテルの前で撮影したりしてるよん♪　流行りの「ばえ～」じゃなくて、「みえ～」やね（笑）。ええとこのお嬢さん、おぼっちゃん、と思われるようにしてあげたいからね。みなさんも、お子さんやお孫ちゃんのいい写真、いっぱい撮ってあげてくださいね～。

長女のハタチの記念。着物は、京都の大好きマダムや、モデルの前田典子ちゃんの知り合いから借りて、何度か着させてもらいました！

長男にNOなし、次男はノウなし!?

長男はホンマによぉでけた気づかいの子やから、前世にきっと相当な「徳」を積んだんやろうなって思ってます（笑）。それぐらい、優しいエエ子。親バカですみませ〜ん。

それに対して、次男は

「長男にNOなし、次男はノウなし」

と言われてます（笑）。

私の友だちからは、

「次男は、前世は虫やで」

とも言われます。

でも、次男は心配だけど、いちばん稼いで私を養ってくれると信じてる！（笑）

長女は、ホンマしっかり者で口が立つから、まわりからは、

「あの子は、チェーン店がたくさんある会社の女社長を前世で3回くらい経験して生まれ

てきた子やな」

と言われてます（笑）。

長男は弟、妹のことが大好きで、運転免許を取って以来、東京に家族のだれかが行ったときは必ず車で迎えに来てくれるねん。次男いわく

「俺の人生の中で、いちばん俺に優しい人」

らしいです。だから、みんなお兄ちゃんが大好き。きょうだいげんかももちろんするけど、大人になってからは助け合いやからね〜。

今思えば、いちばん上が長男でなければ、家族でテレビになんて出られてないと思うし、モモコ一家シリーズも無理やったと思います。

長男は、ちっちゃいころから、

「座っててね」

と言ったら、ちゃんと座ってる子やったからね。次男なんて、

「マイクを手で触ったらあかんよ」
と言ったら、手で触らんと、噛みついたからな〜（笑）。

思い出したけど、当時は家族でお揃いの服を着てテレビに出てました。でも、次男だけよだれがすごかったから、実は次男の分だけ3着くらい同じ服を用意しててん。帽子かぶせたら、帽子投げるし、次男が1人目の子どもやったら、テレビには絶対に出てなかったと思います。長男さまさまです♪

今もドリンクひとつとっても、3人全然違います。
次男は気がついたらスターバックスの高いドリンクを飲んでます。喉がかわいたら、好きなものを飲んでます。長女も映えるかわいいドリンクが好き♡

でも長男は、家族で出かけた先で
「喉かわいたな〜」
とだれかが言ったら、リュックから水を出してくれるねん。しかも全員分！

「え？　どうしたん？　どこかで買ってくれたん？」

と聞いたら、

「ううん。昨日の夜　ホテルにあった氷を溶かして、それを昨日買ったペットボトルに入れて持ってきてん。だから5人分あるよ」

って言うねん、すごすぎへん？


小学生くらいのころ、お友だち家族がＵＳＪへ連れていってくれたときも、そこのママが
「喉かわいたよね、水買うね～」

と言ったら、

「だいじょうぶ～。ＵＳＪのどこにただの飲料水（ウォータークーラー）があるか知ってます（※今はありません）」

って言ったらしいです。

ケチケチの私を見て育ったから、全員節約できるコになってもおかしくないんやけど、なぜか長男だけがこんなふうに育ってます。

『ハイヒール・モモコ一家の夏休み』（関西テレビ）のロケ。上は2007年のオーストラリア、下は2003年長男8歳、次男4歳で富士山に登ったときのもの。

小学校受験は、親の面接でコテンパン!!

受験のことを書くのは、子どもたちが大きくなってから……と思ってたけど、あっという間に私も孫ができる世代! お受験のコツや裏の手は、ホンマは内緒にしときたいねんけど、ここだけで書きますね～。

思い起こせば、次男の小学校受験の面接が最初やったな～。

知り合いに次男と同い年の子が多くて、その上の子が私学の小学校に通ってて、「すごくいいよ～。だから下の子も受験するつもり」

と聞いてました。

それで、次男には申し訳ないけど、1回経験としてやってみよう!って……。

でも、コテンパンにやられました～(笑)。お受験向けの教室にも行かず、何の準備もしてなかったからね～。

親子面接で、
先生「お父さま、好きな映画は何ですか？」
パパ「『パピヨン』です」
先生「あぁ、刑務所からの脱走の話ね」
パパ「そうです～、脱走しますねん」

先生もめっちゃ冷めた感じやったわ～（笑）。パパ、映画なんかホンマ見ぃひんから～。

先生「お母さま、好きな本はありますか？」
モモコ「『蛇にピアス』が好きです」
先生「最近、芥川賞をとりましたよね……」
最近話題になった本の名前を言っただけ、みたいに思われてしまったから、パパは私をかばおうとしたらしい！

パパ「カノジョハ　ホンヲ　ヨクヨミマス～」

日本語の教科書を初めて読む外国人かと思ったワ。

さらに……

先生「お父さまは何を読まれるんですか？」

パパ「『長嶋茂雄物語』です」

何年前の本やねん‼

それだけじゃなくて、面接当日、実は小さいカセットテープレコーダーをバッグに潜ませていたんです。面接のやりとりを録音して、あとで反省しようとしてたんやけど……。

膝に置いていたバッグにのせた手についつい力が入りすぎて……

「キュルキュルキュルー　キュルキュルキュルー」

巻き戻しのボタンを押してしまったみたい。

その音が先生に聞こえないようごまかすために、むっちゃ声を急に張り上げた。

そんな失敗もあったなー。

面接はこりごりや～（涙）。

この失敗をバネに、長女の初の受験は幼稚園でした。たまたま通っていたプリスクールが幼稚園受験対策もやっていて、これもたまたま近所の私立幼稚園のクラスがひとつ増える！ということで、チャレンジしてみることになりました。

次男の小学校受験のときに、パパと面接に行ったらさんざんなことがわかったから、今回は私と長女の2人で行くことに！

前もって、面接の練習にも行きました～。ノックは2回やとトイレやから、3回するとか、ひとつひとつ教えてもらったよん。

ママ友に聞いたら、「就活と同じやで」と言われたけど、なんせ私、就活の経験ないからな～。

面接は、見た目も大事！ということで、必ずその学校に受かった人から服を借りて着ていきました。ママ友のママ友とか、直接知らない人のところでも、ゲンかつぎで服借りに行ったよん♪

洋服のおかげか、次男のときの経験が生きたのか、今回はバッチリ。

パパがいないのを不審がられないように、

「習い事の送り迎えは、いつも父親がやってくれてます」

とうまくアピールもできて、長女は私立幼稚園に見事合格！

ちなみに、長女はその幼稚園がホンマに大好きで、小学生のときの手作り新聞に

「幼稚園の先生になることが夢です」

と書いていました。それを園長先生に持っていったら、とても喜んでくださって、今も部屋に飾ってくれてるそうです。

中学受験、大学受験、まだまだおかんは大変です

その次が、長男の中学受験。

あるとき急に、

「僕、受験したい。行きたい学校がある」

と言いだしました。

いわゆる集団塾に6年生から通って、夏期講習とかは昼夜の〝お弁当2個持ち〟というやつも経験したよ〜。おかげさまで、長男は第一志望に合格することができました。

電車で1時間近くかかる学校にひとりで通学できるのかな?と最初は不安だったけど、長男にほんとうにぴったりの学校で、今も母校が大好きです。


その次は、次男の中学受験。次男は長男と違って行き当たりばったりな性格やから、

「僕も受験する!」

と塾に通ったものの、途中で

「やめたい」

と言いだしたり、また6年生になって再開したりで、てんやわんやでした（笑）。

その後次男は、116ページでも書いたとおり、留学したり、浪人したりしながら、たくましく育って、大学にも合格。

「大学受験って、特に親はすることないですよね？」

と聞かれるんやけど、そんなことない！　何校も受けるからお金かかるし、遠い学校だったらそれだけで交通費もかかる。次男の場合は、受験に行くたびに携帯の充電器を忘れてきてるから、

「パパ充電器送って〜」

の電話したり（笑）。まだまだおかんは大変でした。

そして、次男は大学入ってからも、大変でした。単位が足りなくて、結局5年通いました（笑）。コロナの流行もあって、かわいそうな世代ではあったんだけどね〜。

家庭教師もいろんな人に来てもらいました。春やすこさんや堀ちえみさんとこの子どもの家庭教師をしたっていう、スーパー家庭教師を紹介してもらったこともあるよん。うち

のあと、新地のママのお宅を紹介してたんけど、あとからその家庭教師の先生に聞いたら、

「芸能人の家より、新地のママの家のほうが休憩時間のお菓子が豪華でした」

と言ってました（笑）。


ほかにも大学生に来てもらったり、芸人のラフ次元のうめちゃん（梅村賢太郎くん）やツートライブのたかのりくんも家庭教師してくれました。うめちゃんはその大学専門ゆーてたのに、次男は1回目で落ちて浪人したからな（笑）。

「落ちたら芸人やめます！」

と言うてたけど、ちゃんと今も芸人してはります～。今でもたまに、私のことを
「お母さん」

と呼びます。おねぇさんや～！

中学の合格発表で印象的やったのは、次男の合格発表。私はタイのロケでゾウに乗ってるときでした！　ネットで見て、「合格やった！」っていうから、次男のことやし、間違ってるんちゃう？って何度も聞きなおしました～（笑）。

悲喜こもごもいろいろあったけど、わが家の受験、こんな感じでやりきったよん。

モモコをよく知る
家族&仲間にヒアリング

おまけ1

思い出せない言葉は…ニュアンスで伝える!?

「ウズベキスタンで調べて」

正解↓ウィキペディア

「ナオミインフルエンザ」

正解↓ナオト・インティライミ

「ミソラシ」

正解↓(芸人の)ソラシド

「あんたがたどこさ…みたいなカバン」

正解↓アンテプリマのバッグ

「アニキ殺し」

正解↓アニサキス

「トゥーストゥース」

正解↓ブルートゥース

「みんな空にあげてはるやろ?」

正解↓クラウド

「ぶんぶりょうだん」

正解↓文武両道×言語道断

「桜井のミスチルさん」

正解↓ミスチルの桜井さん

宇都宮まきさんからの投稿!

村上信五くんと音楽について熱く語ってはったモモコねぇさん。しかし、ミスチルの桜井さんのことを、ずっと「桜井のミスチルさん」と! 私はすぐにツッコみたかったのですが、村上くんはすごく大人で、話の腰を折ることなく、華麗にスルーしていました。なんて紳士なの～♡

Part 3

50代は
老ける一方!?
美容&趣味の
ハナシ

チン毛は残せ〜、チン毛もやりたい〜

美容系のメンテナンスは、あいかわらずめちゃくちゃやってますが、みなさんビックリすると思いますけど、私はエステを卒業しました〜。エステは癒やしやから、もちろん大好きやし、続けているかたの気持ちももちろんわかりますけど、もう私はエステでは無理なんです……。今はクリニックになりました！（笑）

ということで、ここにまとめてみると……

♡美容クリニック　週1
♡自宅で毛染め　隔週
♡まつげエクステ　月1
♡高濃度ビタミン点滴　週1
♡ネイル　3週間に1回
♡歯科　行けるときに……

♡脱毛　月1
♡アートメイク　うすくなったら
♡のどのケア　3カ月に1回
♡発毛治療クリニック　月1
というようなルーティンです。

以前から通っていた、IK医科歯科クリニックでの高濃度ビタミン点滴は今も続けてます。私個人の意見やけど、これのおかげでコロナにかからなかったんちゃうかな？と思ってます。なぜなら高濃度ビタミン点滴をしてた人は、私のまわりでも全員かかってなかったから。アンチエイジング系のきぬがさクリニックも、もちろん続けてます。安心安定で大好き！

もうひとつ最近行ってるM BEAUTY CLINICは、最新のことをやってくれます。病院っぽくなくて豪華系で、ハイフを続けてます。最近は発毛クリニックも仲間入り。

歯のホワイトニングと、まつエクも通い中。

ネイルは、いちばん昔からずっと変わらず行ってるお店です。

「先生、死なんといて～」

といつも思ってます、私と同い年くらいやけどね（笑）。


なんとなんと、大阪で1軒目のネイルサロンなんです。

私が20歳のときに『11PM（イレブンピーエム）』（日本テレビ系）という番組のロケで、東京・青山に日本初のネイルサロンができたということで、ロケに行きました。で、その後、大阪にもネイルのお店ができて、その当時からずーっと通ってます。当時は折れた爪を修復できることが最新の技術で、そのころは1本ネイルしてもらうのに、恐ろしい値段やったのよね～。

「ネイルのグッズを買いに、年に1回ロサンゼルスまで行きます」

って言ってたのを覚えてるワ～。今や100円ショップでもネイルが売ってる時代！

いつの間にかジェルネイルもできて、持ちがよくなったよね～。

眉のアートメイクもばりばり入れてます！　私だけじゃなく、パパ、長男、次男、長女もやってます。実はパパは昔からやねん。もともとパパは眉が薄くて、自分で描いてたことにあるとき気づきました。描いてるんやったら「眉アート行けば？」ってことに！

「アートメイク、痛くない？」

ってよく言われるけど、今のは全然痛くないよ。寝てたっていう人もいるくらい。昔は点、点って彫っていく感じやったけど、今は1本1本描いてくれるし、色も茶系とか選べます。

私は、実はアイラインもアイシャドウもアートで入れてます。だんだん歳とったら唇の輪郭も薄くなってくるから、次は唇に入れたいな～。

男子の脱毛も、今めっちゃ流行ってるよね！　次男は美容男子やから、パックも毎日してはります。今流行りの韓国のＣＩＣＡパックも、次男に教えてもらったくらいのおしゃれさんやねん。

わが家で最初に脱毛することになった男子は、もちろん次男。私は「アソコの毛だけは残しとけ」と忠告しました。温泉行ったときにツルツルなのは恥ずかしいし、見えるひらひらのところだけでも隠せるようにって思うんやけど、次男は全部ツルツルにしたいって言いだしました。

家族LINEで、
モモコ「チン毛は残せ～」
次男「チン毛もやりたい」
ってやりとりしてたら、長女に
「家族LINEでやりとりするのやめて」
と言われました（笑）。

ということで、次男はツルツルツル子になりました。長男はまだです。全身ツルツルにするかどうかは置いておいて、脱毛は若いときのほうが痛くないみたいだし、白髪になったらレーザーが反応しなくて効果ないから、早めにやるのがおすすめです。

私ら世代のときは代金が高かったし、一部の人しかやってなかったよね。私が脱毛したのはなんと40歳超えてから！　でも今や安くなってるし、一度やったらホンマ楽！　今は小学校高学年でも女子は「早くやりたい！」って言うらしいね〜。

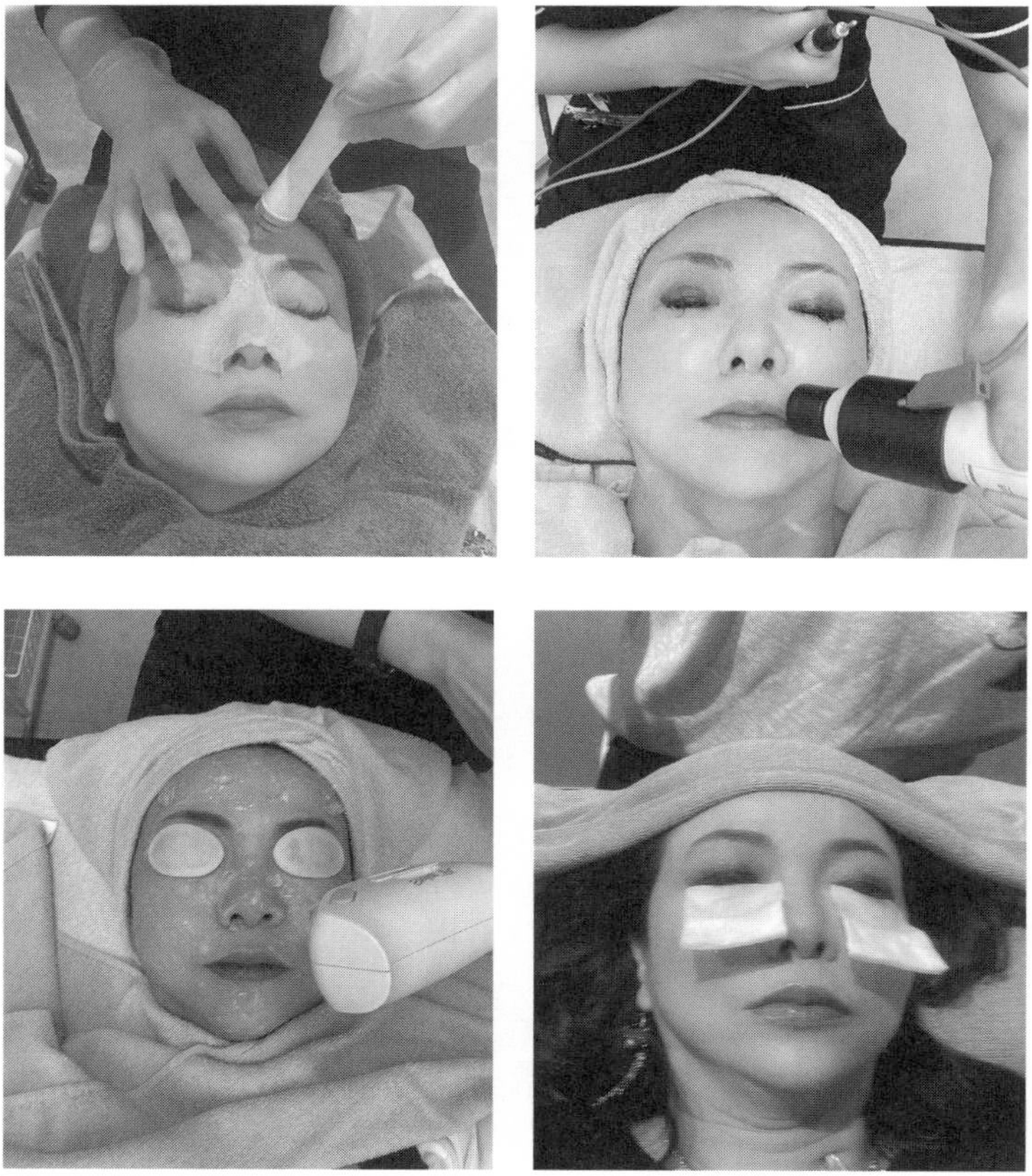

(右上)きぬがさクリニックで唇ぷっくりになるようお手入れ。(左上)ハイドラジェントルで皮脂や汚れ取り(M BEAUTY CLINIC)。(右下)まつエクは月1回。(左下)フォトフェイシャルとメソアクティスで、シミ防止&毛穴の引き締め!

髪の毛も節約!?　ロングヘアをカットしたワケ

「こんにちは」って挨拶したときに、頭部が薄いかたがときどきいて、これは私もいつかこうなるなって思いました。それで、部分ウィッグを作りたいって思ったんだけど、めっちゃ怖がりな私。人毛でもしウィッグを作ったら、中国のかたやアメリカのかたの毛だった場合、夜中に「ニイハオ」とか「ハロー」とか声がしたら怖いやん?? でも日本人の「コンニチハ」も怖いし……。

自分の毛で作るしかないな～と思ってたら、『あさパラS』で撮影してくれることになりました。

がんばってのばした髪の毛をカットして、それで部分ウィッグを作ったわけやけど、それをYouTubeやテレビで流したら、みんなから

「私もやりたいです～」

「自分の毛でやる人は初めて見ました!」

「そんなことができるなんて！」
「さすがモモコさん、そこまで節約するとは、がめつい（笑）」
と、すんごい反響が届いて驚きました。

私のまわりでも今、50代のロングヘアが急に増えてます（笑）。ある人は、髪を長くのばせないってことで、娘さんの毛をのばしてもらって作ってました。同じ毛質だったらできるみたいです。ただ、欲しい長さの倍以上必要やから、かなりの長さをのばさないといけないから注意してね～。

悲しいかなだれでも歳とると、白髪になるし、毛も薄くなります。でもこれはしゃーないことやから、素直に受け止めて、いろんなウィッグを作って楽しもうって思ってます。

ないほうがいいことやけど、病気でウィッグが必要になることもあると思うから、若いうちに自分の毛でウィッグを作っておくのもいいなって思います。いらなかったら、ほかの人に使ってもらうこともできるしね！

髪の毛のことで思い出したけど、私のYouTube『モモコ新聞』で、いちばん再生回数が多いのは、自宅での毛染め動画やねん！

顔まわりに白髪がすぐ出てくるから、市販の毛染め液買ってやってるんやけど、ホンマ不思議、とにかくこれがいちばん人気。シャネル部屋公開やら、家族旅行やら、ハワイ弾丸旅行やら、ホンマいろんな動画出してるんやけど、毛染め動画だけは何回流してもみなさん見てくれるんです（笑）。

最近、

「なんでみなさん、こんなの見てくれはるんですか？」

と聞いたら、

「人の毛染め動画は、本当におもしろいです」

とあるかたが返してくれてました。何がバズるかわかりません（笑）。

ちなみに、2番目に人気なのは、家族のふだんの会話動画。私が一生懸命、釣りやら、スノボ、ゴルフとかやってるのは、みなさんあんまり見てくれません。私の趣味には興味ないみたいです（笑）。

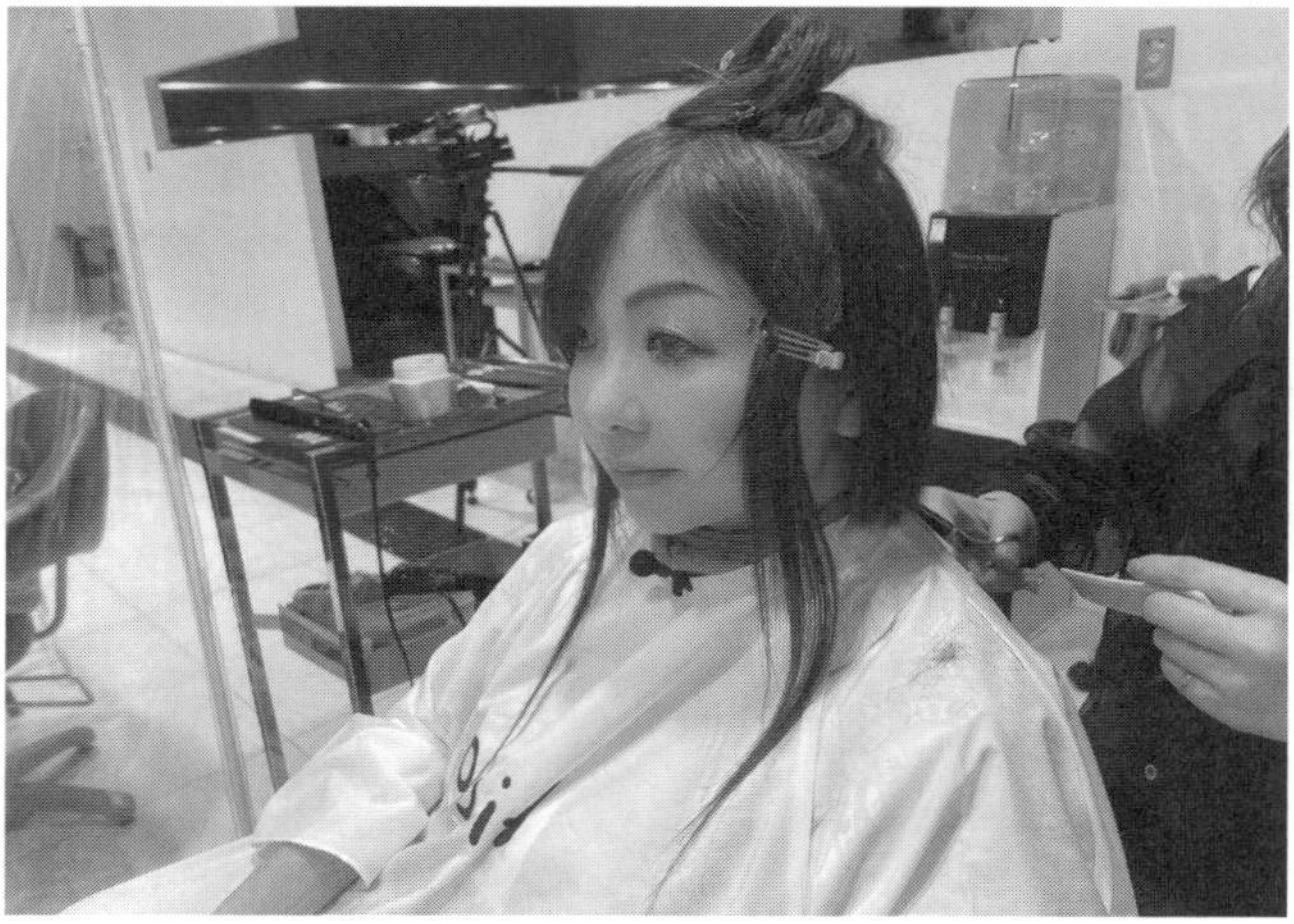

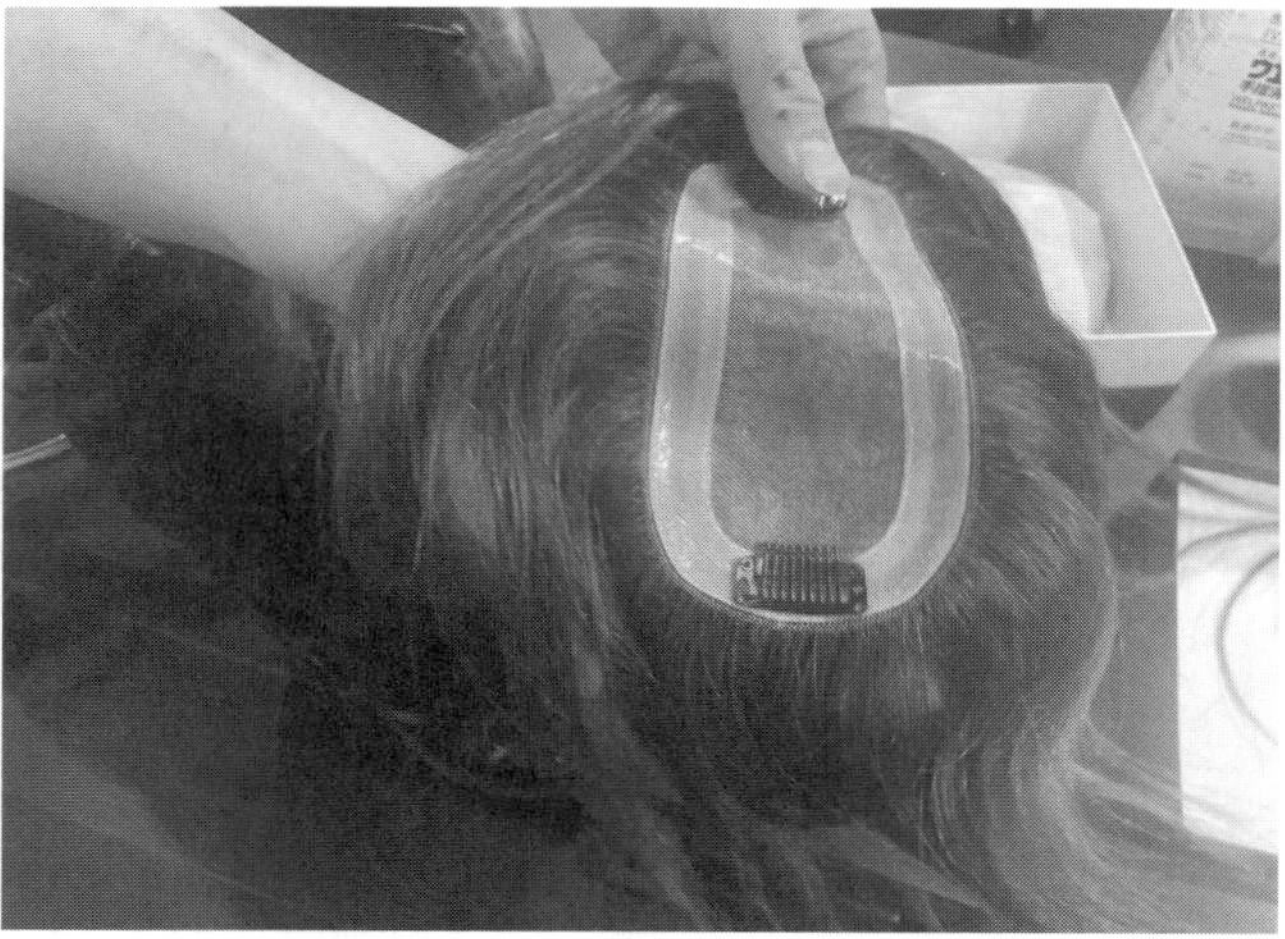

カットした髪が20〜30㎝は必要らしく、めっちゃのばしてました。
自毛のウィッグやから、自分の髪にめっちゃなじむし最高！

～モモコがお世話になっているお店をご紹介～

美容系

「きぬがさクリニック　難波院」
大阪市中央区難波4-7-6 R2ビル　https://www.kinugasaclinic-japan.com
♡2週間に1回フォトフェイシャルとメソアクティス、半年に1回サーマクールとハイフをやってます。

「M BEAUTY CLINIC」
大阪市中央区心斎橋筋2-6-13　アクロスビル8階　https://mbeautyclinic.or.jp
♡ピコトーニング、ピコフラクショナル、シカB5モデリングマスク、ハイドラジェントルをやってます。

「Aile Clinic」
大阪市中央区南船場3-10-11　A-FLAG北心斎橋4階　https://aileclinic-Osaka.jp
♡お手入れ&顔の脱毛。

歯のメンテナンス&高濃度ビタミン点滴

「IK医科歯科クリニック」
大阪市中央区南船場3-4-26　https://implantcure.com

アートメイク

「THE ARTMAKE TOKYO 大阪院」
大阪市北区茶屋町10-2 渡部ビル3階　https://tanida-artmake.com
♡担当は谷田りえさん(フリーランスとして所属)。

ネイル

「NAILS CHIQUEPLUS deux」
大阪市都島区友渕町3-1-24 DEVELOP301　https://chiqueplusdeux.com
♡3週間に1回通ってます。

ウィッグ製作

「EDEN」
京都市中京区六角通麩屋町西入ル大黒町90 ドルチェヴィータ六角通麩屋町ビル301号
https://salon-eden.com

発毛クリニック

「クレアージュ大阪」
大阪市北区梅田3-3-20 明治安田生命大阪梅田ビル22階
https://www.womenshealth-tokyo.com/clinic/osaka

釣りは暇ではありません。ゴルフは走りません

「あんな暇そうなん、絶対にイヤやん」

と思ってたけど、実際「釣り」に行ってみたら全然暇じゃない！　忙しいねん。ずっと見てなあかんし、エサかえなあかんし、ずっと揺らすし、糸もつれるし（笑）。でもおかげさまで、釣り仲間がいつも連れていってくれて、用意もしてくれるから、ホンマにありがたいです。

そんな話を息子たちにしたら、

「おかんのやってることは、港区女子や！」

とツッコまれました。

家に迎えに来てもらって、海まで連れてってもらって、船に乗せてもらって、「これで釣ってね」と竿持たされて、「釣れた」って言ったら取ってくれて……。

「おかんが港区女子と違うのは、釣った魚を持って帰って食べるところだけやで」

って言われてます。
料理人のエミちゃんがいるから、その場で釣った魚をさばいてくれるし、家からミョウガから、シソから、ネギからぜんぶ用意してくれて、お酒もあって、それはそれはホンマにおいしい!!　それもこれもぜんぶ含めて、釣りが好きになりました。

オール阪神さんの『ビッグ・フィッシング』（サンテレビ）にいつかゲストで出る！と
いう目標を立てたんやけど、おかげさまでお正月特番に呼んでもらうことができました。
それで釣り熱は少し落ち着いたけど、今もときどき楽しんでます。

最近、ゴルフも再開しました！
私がゴルフを始めたのは、なんと17歳。バイト先のお客さんにクラブを買ってもらったのがきっかけです。
なんば花月のフレッシュコーナー（新人コーナー）にキャディバッグ持っていったら、チャンバラトリオさんに
「新人がキャディバッグ持って出勤すな！」

って怒られたくらい、早くからゴルフをやってました。
当時は、ザ・ぼんちのまさと兄さんとか、島田紳助兄さん、池乃めだか兄さんとかがゴルフやってて、ホンマにバブリーな時代やったから、ゴルフに行くだけでおこづかいがもらえました。当時は毎晩ディスコで遊んでたから、次の日のゴルフの早起きがつらかったです（笑）。

結婚して、子育てが忙しくなってやめてしまったけど、いつかやりたい、いつかやりたいとずっと思ってました。

20年以上前に私の大好きなシャネルがキャディバッグを出したことがありました。もちろん買ったけど、ずっと家に置いてたら、入れていたクラブのグリップ（持つところ）がねちゃねちゃになってしまってん。

もったいないから、かわいがってもらってるMさまに直してもらったんやけど、それをきっかけに、私のプライベート相方のエミちゃんが、

「せっかくやから、ゴルフ行こ‼」

といきなりコースまわる予約を入れてしまってん。

それに向けて、打ちっぱなしの練習に行って、なんとか30年ぶりにゴルフを再開することができました。あんなにつらかった早起きも、歳とったらぜんぜん起きられるしね(笑)。ゴルフを再開したら、すっごい昔の知り合いが連絡くれたりして、嬉しかったよん。

今は、月2回コースをまわるのを目標にしてて、うまくなりたい！って練習してます。スノボや釣りはうまくなくても自分のことやからいいねんけど、ゴルフはうまくならないとまわりの人に迷惑かけちゃうからね～。


ゴルフをまったく知らないコニタンが私のＹｏｕＴｕｂｅを見て、

「ゴルフって走るんですね」

と言ったんやけど、

「走るのは私だけ。下手くそだけです、走るのは」

とここで改めてみなさんにもお伝えしておきます（笑）。上手な方々は優雅にカートに乗られてます。

スノボは、45歳くらいのときに、こけて頭を打ったから、あぁもう無理かな〜と引退しました。山口百恵ちゃんの引退のときみたいに、スノボを前に置いて引退宣言して以来、ずっとやってませんでした。

でも長女がスノボをする年齢になり、「私、ママとスノボしたことない。お兄ちゃんたちとはやってるのに……」と言われて、復活しました。下手やし、1回分のリフト券で十分、なんなら帰る人のリフト券もらうくらいしか滑らへんけど、ここ数年は毎年の行事として1回はスノボに行くようにしてます。スキーも最近復活しました。

昔から、最新のウェアを着て、ロッジでカフェオレを飲む自分が好きやったから、今もそのとおりで滑るのはちょっと。あとはのんびり見てる派です。

スノボや釣りのほかに、大好きな歌手のディナーショーを見に行くのも趣味のひとつ。去年再開したゴルフでは、後ろ姿もおしゃれなウェアで♡

有閑マダムのお宅にはお茶室がある!?

趣味と言っていいかわからへんけど、お茶のお稽古は習ってホンマ正解でした！　正座ができるようになるし、お菓子を先にいただいてからお茶をいただくとか、基本がわかってるだけで全然違うよね〜。

私も最近、有閑マダムとおつき合いするようになって、ホンマに茶道習っててよかったなと思うことが多いです。なぜって、大金持ちの家には、冗談みたいやけど、ホンマにお茶室があるねん！　お茶室への入り方とか、掛け軸をなんで見るのかとか、習ってなかったらさっぱりわからへんもんね〜。習ったことがない人は、今からでもいいからおすすめだよん♪

意外やと思うけど、華道も習ってました〜。おかげでお花の長持ちのさせ方がわかるし、華道の家元とも仲よくさせてもらったり、交友関係が広がったから、習ってよかったなって思ってます。

子どもがちっちゃいときの習い事も、たくさんやって、たくさんやめました（笑）。何が才能あるかわからんと思ったからね〜。今も続いてるのは、長女の茶道。女の子が生まれたらやらせたかったバレエや日舞は途中でやめてしまったけど、お茶だけは続いてるねん。

それと、歌舞伎は40歳くらいから月に1回観に行ってます。着物を着て歌舞伎を観る自分が好き（笑）。

この前、中村鴈治郎さんに

「芸能人でいちばん観に来てるのは、モモコさんやで」

って言われてめちゃくちゃ嬉しかったです。歌舞伎やってる人も、歌舞伎の世界もめっちゃ好き。

子どもたちにも芸能や文化に興味を持ってほしくて、美術館や歌舞伎とか、文化系のこ

とに関しては、お金は出すよって言ってました。あるとき、子どもたちを歌舞伎に連れてって、

「歌舞伎ってむずかしいやろ？　わからんやろ？」

って言ったら、

「え、なんで？　あれ、だれでも知ってる場面やで」

って言われました。子どものほうが歴史に詳しいみたいです(笑)。

次男は世界史も大好きやから、宝塚歌劇を観に行ったときもひとつひとつ教えてくれました。社長と行ったらおごってもらえるけど、子どもと行ったらお金かかるかわりに、アホみたいなこともぜんぶ教えてくれるから助かってます。

家族全員がお芝居観ることが好きになってくれて、嬉しいなって思います。長男にいたっては、自分で観に行くくらい芝居好き。三田寛子ちゃんの息子さんと仲よくなってからは、東京でも観に行かせてもらってます。後ろの席やけど一幕だけやったら８００円から観られるよ〜、若いコたちにはおすすめです。

歌舞伎の観劇は月1回くらいのペースで。GUCCIの洋服を帯やバッグ、髪飾りにリメイクしたりして、おしゃれも楽しんでます。

人生でいちばん長～く続いているダイエット

こんなに長続きしたことない、もうすぐ2年です。私が人生でいちばん続いてるダイエット、それが〝漢方〟。

最高10キロ減りました。

「おかんのウエスト初めて見た！」

と長男が言いました（笑）。

もともと、親友のHちゃんが漢方茶を飲んで痩せたのを見て、私もやりたい！と思ってん。Hちゃんは私より先に始めて、今も続いてます。毎朝「よいしょ」っと声出して、鼻をつまみながら飲んでるらしいけど（笑）。においや飲みやすさは人によって違うみたいで、私はそんなにイヤな感じはしてません。

島根の有名なクリニック（斐川中央クリニック）で、初診だけ必ず本人が行かないといけないけれど、そのあとは電話とＦＡＸで注文できます。予約がほんとうにとれなくて、最長2年待ち。運よくキャンセルが出てすぐ行けることもあります。

先生との問診で、花粉症や、肌をきれいにしたい、痩せたい、肩こりなどなど、悩みを全部話します。

私はちょうど帯状疱疹の跡がまだ痛かったからそれも言ってみたけど、「漢方でその薬をもし調合したら、おそろしく苦くなるし、なおかつ、帯状疱疹後神経痛は治る可能性がほぼないですけどいいですか？」と言われたので、それだけはお断りしました（笑）。

悩みに合わせて、その人に合わせて、調剤してくれます。

私はもともと毎日やかんでお茶を沸かす人やったから、その代わりに漢方薬を沸かすだけなので、あんまり苦ではありません。やかんに1パック漢方を入れて、沸騰したら弱火にして40分煮出すだけ。うちの賢いガス台はタイマーセットできるから、それでやってます。

ホンマはあたたかい状態で飲むのがいいらしいねんけど、私はそもそも冷たいお茶好き。なので、多めに作って冷凍してるねん。それを水筒に入れていつも持ち歩いてるから、「中学生の部活か！」ってよく言われます。

旅行先やロケにも必ず持っていってるよん。泊まり先で沸かせるときは沸かすけど、無理な場合は、2泊くらいなら冷凍したものを持っていって、ホテルの冷蔵庫に入れてます。

島根にわざわざ行くのはちょっと遠いけど、出雲大社におまいりに行くとか、友だちと旅行がてらとか、楽しい計画を立てて行ってみてもらえたらいいかなと思います。

目覚めたら、今日も4時半！

仕事のこと、家族のこと、友だちのこと、趣味のこと、いろいろ書いてきたけど、50代はホンマあっという間でした。

やりたい！って思ってやれてないのは、アメリカ横断だけかも（笑）ってくらい、ありがたいことに、ぜんぶやらせてもらってます。

そんなある日、ひょんなことからアメリカの「グラミー賞」を見に行けることになってん！

自分でもビックリ！　こんなチャンス絶対にないから、いろんな人に協力してもらって、見に行ってきます。プライベートジェットに乗ったりするから、めっちゃワクワク！

あ～ホンマは、この「グラミー賞」のこともこの本に書きたかったけど、本の印刷の締め切りが、日本を旅立つ日。間に合わんから、書かれへん！　次の本かＹｏｕＴｕｂｅで報告しますね！（笑）

時間の無駄が大嫌いで、寝るのは死んでからでいいって思ってるねん。もともとショートスリーパーで、睡眠時間は毎日4時間半くらい。夜12時に寝ても、だいたい朝4時半くらいに目が覚めちゃうねん。

いっつも朝目覚めたとき、時計見てゾッとする……。また4時半や〜って。寝ることが大事ってわかってるんやけど、眠れないです。

二度寝でウトウトできることもあるけど、寝られないときは早朝からテレビでニュース見たりしてます。私のYouTube『モモコ新聞』でみんながよく見てくれる毛染めも、実は朝6時くらいからやってるねん！

移動中はYouTubeチェックや、LINEしてるから、あんまり昼寝もしないかな。日本酒飲んだら寝られるんやけど、ごはんの途中で寝てしまうからがんばって少なめに飲んでます（笑）。

移動に時間をかけるのはイヤやから、必ずスマホの乗り換え案内アプリで調べます。設定は「セカセカモード」です（笑）。

いろんな人に、ごはん誘ってもらって、おごってもらってるから、別名、「いただき少女モモコ」です（笑）。

知り合いのみなさんに

「なんで私をごはんに誘ってくれるん？」

と聞いたら、ホステスだとくどかなあかん……、でも、モモコはおいしいもの大好きやし、しゃべらせたらおもしろいし、場持ちするのにちょうどいいし、家族も喜ぶらしいです（笑）。ありがたい。

そういえば昨日、

「還暦のお祝い、どうする？　パーティとかする？」

って友だちに言われて、サプライズとか好きじゃないから

「べつに何もせんでいいよ～」

と言いつつ、

「あ、でも、商品券だけちょうだい～」

って言ったら、

「いるんかい!!」

とツッコまれたワ（笑）。


50歳になったときは、みんなからのお祝い金で、毛皮を買わせてもらいました。

今回は商品券で、赤い何か1個買おうと思ってます。赤いハイヒールか、赤いシャネルのバッグか、大きめのルビーかな〜？

50歳で書いた前回のエッセイ本『縁運勘、人』を読み返してみたら、私の還暦の目標は、

「ルブタンの真っ赤なハイヒールで背筋を伸ばして歩くカッコいい60歳になりたい！」

なんです。


カッコいい60歳になれたかはわからんけど、毎日いろんな人に会って、いろんなもの食べて、つらいことあっても、吹き飛ばすくらい元気で楽しい60歳になれました。

みんなのおかげ、ドーモ、アリガトッ♪

あんたがいちばん喜ぶんはこれやろ

K・Kさん/元マネージャーからの投稿

吉本興業に入社して1年目、最初に担当した芸人さんがハイヒールさんでした。2年目にすぐに東京転勤となり、担当をはずれることに……。半年がたった私の24歳の誕生日、急にモモコさんからお電話があり、「誕生日おめでとう!」と。それだけでも感無量なんですが、「電話代わるワ~」と、私の父&母が次々と電話に! 状況が把握できない中、モモコさんが、「あんたがいちばん喜ぶのはこれやろ。あんたは親を大事にしてたから、あんたが今いちばんできてない、親孝行しとくわ」と、両親を食事に誘ってくださっていました。モモコさんには一生頭があがらないです!

今、私、裏の駐車場やで

T・Rさん/制作会社ディレクター・映画監督からの投稿

僕の弟の結婚式の日。急にモモコさんから電話があって。あわてて出たときの第一声です。モモコさんには何も伝えていなかったのにもかかわらず、サプライズで結婚式会場まで来てくださって、挨拶で爆笑かっさらって、「ほな帰るわ!」と嵐のように帰っていかはりました。直接は関わりのない僕の弟の結婚式にもかかわらず、めちゃめちゃカッコよかったし、痺れました!

おわりに

最後まで読んでくださったみなさん、ありがとう〜♪

インスタグラムもYouTubeもある世の中。情報なんでもスマホさえあれば、1秒でわかるなか、本を買って読んでくれてホンマありがとう！

モモコは「思ったより」どうやったかな〜??（笑）

前に、私が自分のLINEスタンプ作るなら、こんなのが欲しい！こんなスタンプなら使う！と知り合いに送ったメッセージがあります。最近、読み返してみたら、自分ながら「アホやな！」と思いつつ、これって私を表してるなぁ〜と思ったので載せますね〜。

おはようございます／おやすみなさい／大好き♡／ごめんなさい／

ありがとうございます／ありがとうございました／楽しみすぎる／一瞬行きます
顔だけ出します／行きたい行きたい／残念ながら仕事ですぅ／ごちそうさまでしたー
絶対おごってほしい！／財布ってなんのことですか？／ワリカンって英語ですか？
社長が、好き／貧乏でもおごってくれたら好き／お金持ちでもケチは、嫌い
あなたのために生きてます／オーナーがいちばん！／今が青春！
タクシーチケットが好き／もらえるもんは、なんでももらう
私の財布見たら死にますよ／1秒も無駄にしたくない／どうもありがとっ！
あぁ〜、指がとまらない！（笑）

こんな感じで、時間、お金、人、すべてに感謝して生きてきたら、自分が想像していたより何倍もハッピーでパワフルな還暦になることができました。70歳で次の本出すまで、またたくさんエピソードためとくから、みんなも絶対に元気で楽しく生きてや〜。何か楽しみを見つけて、家族や友だちと過ごせたら、こんな幸せないよね。

死ぬときに、ありがとう、幸せやったって目をつぶりたい！　そのために、自分ができることをして、みんなが助け合って生きていこ！　人はひとりじゃありません（笑）。

2024 グラミー賞を観に行きました!
全身シャネルで前夜祭の「MusiCares」(左)。当日ミニドレスでイェイ(右)。

ヤン暦《れき》

2024年 3 月20日　第1刷発行
2024年 5 月20日　第4刷発行

著　者　ハイヒール・モモコ
発行者　平野健一
発行所　株式会社主婦の友社
〒141-0021 東京都品川区上大崎 3-1-1 目黒セントラルスクエア
電話　03-5280-7537(内容・不良品等のお問い合わせ)
049-259-1236(販売)
印刷所　大日本印刷株式会社

ISBN978-4-07-456929-8

■本のご注文は、お近くの書店または主婦の友社コールセンター(電話0120-916-892)まで。
＊お問い合わせ受付時間　月～金(祝日を除く)　10:00～16:00
＊個人のお客さまからのよくある質問のご案内　https://shufunotomo.co.jp/faq/